패왕의 바이블

대업을 이루기 위한 필독서

패왕의 바이블

김대훈 지음

THE BIBLE
OF THE
KING

★★★
꿈의 크기가
그 사람의
그릇을 정한다
★★★

내면의
마음근육
성장서

★★★
실패와
역경을 통해
성장하는 방법
★★★

좋은땅

| 목 차 |

들어가는 글

'패왕'이란 '만인지적'의 대명사 항우의 별명이다.

'만인지적'은 가히 혼자서 만 명(모든 사람)을 대적할 수 있을
정도의 강인한 무력, 정신력, 지략, 그리고 용맹함을 가진 사
람을 뜻한다.

정말 천하를 제패하려는 야심을 가진 항우에게 딱 어울리는
별명이 아닐 수 없다.

글을 써 내려가면서 '항우처럼 만인지적의 뛰어난 패왕이 되
려면 어떠한 정신, 생각, 마음가짐, 지략을 가져야 할까?'를
끊임없이 고민하고 검토하여 마침내 '패왕의 바이블'이라는
책을 펴냈다.

나는 줄곧 사람의 근육을 성장시키듯이 내면의 마음근육 또한
성장시킬 수 있다는 것을 대중들에게 증명하고 싶었다.

그리고 고난과 역경을 이겨 내고 큰 성과를 거둔 훌륭한 위인
들은 도대체 어떠한 내면을 가졌기에, 모두가 안 된다고 의심
하는 상황을 확신으로 바꿀 수 있었던 것일까?

위인이자 영웅이라고 불리는 거인들의 마음근육은 도대체
얼마나 강할까? 그래서 패왕이라고 불릴 만한 거물급 인사들
을 탐구하기 시작했다.

'모든 것은 마음먹기에 달렸다.'

'꿈의 크기가 그 사람의 그릇을 정한다.'

큰 인물들은 누구보다 큰마음과 그릇을 지녔기 때문에 위대한 업적을 남긴 것이다.

패왕이 되기 위해선 무엇보다 내면이 강인해야만 한다.

그리하여 큰 야망을 꿈꿀 수 있고, 기어코 큰 업적을 이룰 수 있기 때문이다.

그래서 장차 크게 될 사람은 누구보다 혹독하게 마음근육을 성장시켜야 하는 것이다.

패왕이라 불릴 만한 자들은 자신의 분야에서 공통된 특성을 보여 준다.

진취적이고, 도전적이며, 비난을 즐기고, 위험을 감수하고, 멀리 내다볼 줄 알며, 성공보다 실패를 중요시하고, 고통을 통해 성장하고, 스스로와 타협하지 않는다.

어떠한 방해가 있어도 자신의 꿈을 향해 달려 나가며, 명성을 드높이기 위해, 야심을 이루기 위해 수단과 방법을 가리지 않는다.

그리고 무엇보다 두려운 환경 속에 자신을 내던져 두려움을 극복하고 끝내 승리한다.

그리하여 나는 이 책을 통해 패왕의 사상을 여러분에게 전달하고자 한다.

패왕의 바이블은 총 다섯 가지의 핵심 주제로 분류하여 구성되어 있다.

현재보다 한 발짝 더 나아가기 위한 '동기부여'
내면의 강인함을 갖기 위한 '마음가짐'
고통과 두려움을 이겨 내기 위한 '정신단련'
부정적 생각을 떨쳐 내고 평정심을 되찾기 위한 '생각법'
현명한 판단과 올바른 선택을 위한 '지략'

이 책으로 인해 당신은 고통을 견디는 내성을 기르게 될 것이고 더 나아가 실패와 역경을 통해 성장하는 방법을
배우게 될 것이다.

또한 과거에 집착하지 않고 미래로 향하는 방법을 깨치게 될 것이고 두려움을 극복하여 당신 앞에 있는 장애물을 반드시 뛰어넘게 될 것임은 물론 현명한 판단을 할 수 있는 지략을 갖게 될 것이다.

그리고 패왕이 그러했듯이 이 책의 내용들을 교훈 삼아
당신만의 분야에서 반드시 대업을 달성할 수 있다고 나는
확신한다.

이 책을 접한 모든 독자가 각자의 분야에서 고통과 역경을 깨부수고 앞으로 나아가 대업을 달성할 수 있기를
진심으로 소망한다.

마지막으로…
'패왕의 바이블'이라는 책이 절망으로 포기하고 싶은 상황에서도 물러서지 않고 굳건히 앞으로 나아갈 수 있게 도와주는 당신만의 바이블이 되었으면 한다.

패왕의 바이블 저자 '김대훈' 올림

1 장

동기부여

누구나 거쳐 가는 과정일 뿐

스트레스와 고통은 누구나 받게 된다.
당신뿐만 아니라 당신 옆에 있는 가족과 친구,
직장 동료도 마찬가지로 말이다.
그 고통이 당신에게 찾아온 시기가 남들보다 비교적
'이른 것이냐, 늦은 것이냐'의 차이다.
긍정의 힘을 빨리 깨달을수록 스트레스를 견디는
내성이 강해지므로 남들이 고통과 괴로움을 받을까
두려워할 때 나는 남들보다 큰 업적을 세울 수 있다.
'나를 죽이지 못하는 것은 끝내 나를 강하게 만들리라.'
프리드리히 니체의 명언처럼
스트레스와 고통은 내면을 더욱더 강하게 만드는
기폭제이자 연료이다.

패왕의 바이블

인생에서 전환점은 누구에게나 찾아온다

그 전환점이 인생의 전체를 바꿀 아주 중요한 순간일
것이다.

인생의 전환점 시기일 때 명심해야 할 것은

내가 좋아하는 것과 이루고 싶은 것,

두 가지를 중요하게 생각해야 한다는 점이다.

깊이 생각할 필요 없다.

본능이 이끌리는 대로

그리고 마음이 끌리는 것을 선택하라.

내가 한 선택이 후에 문제가 된다면 그건 그때 일이다.

그리고 그 일이 일어나지 않을지도 모른다.

미리 겁먹을 필요 없다.

기회도 준비된 자에게 찾아온다.

완벽을 향한 집착

완벽한 동그라미가 되고 나서 시작하려고 하면 늦다.

세상에서 시기적절한 완벽한 때라는 건 없다.

계속 그걸 주장하다가는

영원히 시작하지 못할 수도 있다.

인간은 계속 성장하고 성숙해지는데 그렇게 따지면

가장 완벽한 순간은 죽음을 앞둔 순간 아닌가?

우리가 모두 네모에서 시작해서

동그라미가 되어 가는 거다.

모든 건 시작할 때 가장 미약하다.

하지만 결국 끝은 창대해지리라.

패왕의 바이블

모두에게 사랑받는 것은 불가능하다

모든 사람에게 사랑받고 싶다면

아이스크림 가게를 차려라.

그게 아니라면 본인이 가고자 하는 길에

비방이 따르더라도 끝까지 이끌고 나갈

신념이 있어야 한다.

나 또한 모든 사람에게 잘 보이길 원했던 때가 있었다.

하지만, 나와 맞지 않는 인연이라면

결국에는 잘되지 않았다.

무슨 운명의 장난처럼 말이다.

본인이 사랑하는 사람한테는 한없이 잘해 주되

모든 사람에게 잘 보이려고 애쓸 필요 없다.

타인에게 잘 보이는 것보다 중요한 건

자신을 잘 돌보는 것,

그리고 타인의 참견에 휘둘리지 않는 확고한 신념이다.

지금 당신이 괴로운 이유

당신이 부정적인 생각에 사로잡혀 있다면
삶에 애착이 있기 때문이다.
'아, 몰라. 그냥 이렇게 살다가 죽어야지.'
'그냥 대충 살아야지.'
이런 식으로 자신의 삶을 돌보지 않는 사람이라면
부정적인 생각이 스며들 수가 없다.
당신의 삶이 조금 더 나아지길 바라는 마음에서 출발한
부정적이고 극단적인 생각은
당신을 더욱 강하게 만들 것이다.
그러니 부정적인 생각에 사로잡힌다고 해서
자신을 다그치지 말고, 삶에 애착을 가진 자신을
조금 더 아껴 주는 마음을 가지는 게 어떨까.

당신은 충분히 변할 수 있었다

핑계 대지 마라.

당신 자신을 바꿀 기회는 얼마든지 있었다.

그저 본인이 깨닫지 못했을 뿐.

'환경이 안 좋아서'

'여건이 안 좋아서'

'용기가 없어서'

'성격이 이렇게 타고난 걸 어떡해.'

'나를 이렇게 만든 건 그들이야, 내 잘못이 아니야.'

다양한 핑계를 대며 자신을 합리화하려고 시도하지만,

그건 현실에서 도피하기 위한 안식처를 찾는

행위일 뿐이다.

핑계 대지 말고 냉정하게 현실을 바라보아라.

'정말 어쩔 수 없는 불가피한 상황'이었는지,

'나를 보호하기 위한 변명'일 뿐인 건지 말이다.

당장 내일 죽는다면…

인생은 죽음 앞에서 모든 것이 무의미하다.

'당장 내일 죽는다면'은 마법의 문장이다.

지금 당장 실행할 용기를 심어 주고

걱정과 불안을 해소해 주기 때문이다.

'실패에 대한 두려움' 따위 '내일의 죽음'에 비해선

아무것도 아니다.

죽음 앞에 더 이상 잃을 게 없으니

진정 가슴이 원하는 것을 해낼 수 있다.

시간은 유한하지만 우리는 모두 시간이 무한대인

것처럼 사용하고 있다.

지금, 이 순간에도 죽음과의 거리가 가까워지고

있는데 말이다.

패왕의 바이블

정상에 올라서는 법

고통과 트라우마 없이
정점에 올라선 자가 과연 있을까?
내가 알기론 없다.
각 분야에서 정점에 올라선 자들은 모두
트라우마, 자기희생을 동반한 고통을 겪고 나서야
비로소 정상에 올라서게 되었다.
성장하고 싶다면 불편함을 감수해야 하고
실패를 동력으로 삼아야 하며
역경을 훈장으로 생각해야 한다.
기억하라.
잔잔한 바다에서는 좋은 뱃사공이 만들어지지 않는다는
것을….

그들보다 우월하다는 증거

놀랍게도 남들은 당신에게 관심이 없다.
당신이 어떤 곤경에 처했는지, 어떤 고통을 받고 있는지
신경 쓰지 않는다.
그런데 혼자만 노심초사하며 걱정하고 있다면…
그렇게 느끼고 있다는 것은 자신에게 큰 손해가
아닐까? 당신이 어떤 굴욕을 당하든, 놀림을 받든,
화를 입게 되든, 진심으로 걱정해 주는 사람은
얼마 없다. 오히려 관심도 없을 것이다.
본래 사람이란 동정과 연민보다 질투와 시기에
더 민감하다. 당신이 남들보다 더 뛰어나다면
사람들은 질투와 시기심 때문에 당신에게
더 많은 관심을 가질 것이다.
하지만 당신이 그저 그런 사람이라면
남들은 당신에게 관심도 가지지 않을 것이다.
그러니 남들 시선을 의식하지 마라.
법에 위배되지만 않는다면 자신이 하고 싶은 것,
가슴이 시키는 것, 마음이 이끌리는 것을 하라.
사람들이 흉을 본다면 당신이 그들보다 우월하다는
증거이고, 당신이 우월하지 않는다면
당신을 쳐다보지도 않을 테니 말이다.

패왕의 바이블

잘되기 전에 나타나는 징조

해 뜨기 직전이 가장 어둡다.
아침의 태양은 어젯밤의 어둠을 기억하지 못하는
법이다. 지금 느끼고 있는 고통이 지나가면
이전의 고통은 아무것도 아닌 것처럼 느껴질 만큼
환하게 빛날 것이다.
모든 일에는 더 잘되기 전에 나타나는 징조가 있다.
맹자의 말을 빌려오자면

　"하늘이 이 사람에게 큰 임무를 내리려 할 때는
　반드시 먼저 그의 심지를 괴롭히고
　뼛골과 근육을 힘들게 하며 몸과 살갗을 굶주리게 하고
　일신을 궁핍하게 해서 그가 하고자 하는 일을
　흐트러뜨린다.
　마음을 동요시키고 성질을 참도록 해서
　그가 할 수 없는 한계를 더 늘리기 위해서이다."

나중에 얼마나 더 잘되려고 이렇게 힘이 든 것일까?
지금 힘이 든 이유는
더 잘되기 위해서라는 걸 명심해라.

방황은 아름답다

방황은 선택지가 많은 자의 특권이다.
방황하는 것에는 나이가 무관하지만,
주로 진로나 미래에 대한 불안함이 커지는 청년들이
방황을 많이 할 것이다.
하지만 방황하는 것도 청년이 가진 특권 중의 하나이다.
이 길이 자신의 길인 줄 알았지만 아닌 경우도 있을
것이고, 삶의 기회가 왔을 때 여건이 좋지 않아서
놓친 경우도 있을 것이고, 자신의 길을 걸어가며
쓰디쓴 실패만을 맛보는 경우도 상당할 것이다.
실패 없는 청춘은 청춘이라고 할 수 없다.
부끄럽지 않은 청춘을 청춘이라고 부르지 마라.
남들보다 더 크고 방대한 꿈을 그리다 보면
부끄러운 실패도 많이 할 것이다.
청춘이라는 것은 돌이켜보면 부끄럽게 기억되기도 하고
자랑스럽게 기억되기도 하며
무엇보다 성공보다 수많은 실패를 경험하게 된다.
방황하는 것에 괴로워하지 마라.
실패하는 것에 두려워 마라.
방황과 실패가 만나 지금보다 더 나은 사람이 되는 것은
틀림없으니까.

패왕의 바이블

비웃음에 반응하지 말고, 행동으로 증명하기

정말 성공하고 싶다면서 왜 아직도 그렇게 살고 있는가?

내일이 더 좋아질 것이라는 믿음에는

노력과 운이 필요하다.

그저 희망 없는 기대는 본인을 스스로 망칠 뿐이다.

왜 희망 없는 기대라고 부를까?

본인 스스로는 알 것이다.

아무런 노력도 하지 않지만, 먼 훗날 성공할 것이라는

기대가 얼마나 비참한지 말이다.

본인은 노력했다고 말하지만, 스스로에게 솔직하게

가슴에 손을 얹고 물어보아라.

그게 진정 노력한 것인지.

남들과 똑같이 하고 있으면 그건 노력이라고 할 수 없다.

당신을 비웃는 사람에게 증명해 보여라.

당신이 맞고 그들이 틀렸다는 것을 보여 주어라.

진짜 제대로 '미친놈'이라는 것을

그들에게 증명해 보여라.

성장하고 싶다면 고독해지는 법을 배워야 한다

당신이 성공 가도를 향해 달려가는 여정을 시작했다면
주변 관계부터 정리해야 할 것이다.
스스로 바뀌기로 마음먹은 순간, 행동과 생각 심지어
주변 관계까지 바뀌어야 할 것이다.
원하는 대학에 진학하기 위해,
공무원 시험에 합격하기 위해,
자신의 꿈을 향해 방해 없이 달려가기 위해,
주변 사람들과의 연락을 끊은 사람들의 이야기는 많이
접할 수 있다.
당신이 성공하고 싶다면 현명하게 고독해지는 방법을
배워야 한다.
내가 말하는 현명하게 고독해지는 법이란 사람들과의
관계를 억지로 끊으라는 것이 아니라 외로움을 이겨
낼 수 있는 내면의 힘을 기르라는 뜻이다.
성공은 항상 공허함과 외로움을 동반하기 마련이다.
승자와 리더의 자리는 항상 외롭고 고독하다.
사회적 위치가 올라가면 올라갈수록 아랫사람이 느끼지
못하는 고독함이 있다.
성공을 향해 달려가다 보면 자신이 혼자인 것 같은
외로움을 느낄 때도 많을 것이고, 주변 사람들에게

패왕의 바이블

도움을 요청하고 싶지만 그렇게 하지 못할 때도
많을 것이다.
남에게 의지하지 말고, 스스로 이겨 낼 힘을 기르는 것이
중요하다.
남에게 의지하는 게 습관이 되어 버리면 홀로 일어서는
힘이 부족해 매번 쓰러지고 넘어진다.
그러니 쓸쓸하지만 고독하게 혼자 힘으로 일어서야 한다.
그리고 억지로 관계를 끊고 고독해질 필요는 없지만
당신의 꿈을 비난하는 사람은 쳐내야 한다.
당신의 야망을 깔보는 사람은 멀리해야 한다.
그런 사람들은 대게 당신 주변에 있기 마련이다.
당신이 홀로 성장하고 있는 것이 그들은
달갑지 않을 것이다.
'우리는 그대로인데, 왜 너만 성장하려고 해?
그렇겐 안 되지.'
그럴 때는 마음 단단히 먹고 고독해지는 훈련을 한다고
생각하고 과감히 관계를 끊어야 한다.
그런 관계는 당신에게 없는 것이 백배는 더 나으니까.

고통은 영원하지 않다

지금 겪고 있는 고통이 영원할 것이라고 절대
생각하지 마라.
당신의 의지와 신념에 따라 고통의 크기는
기하급수적으로 줄어들 수도 있을 것이고
지금 당장의 고통 때문에 정신이 혼미하고
익숙하지 않아서 판단이 흐릴 뿐이지
고통은 절대 영원하지 않다.
애초에 고통뿐만 아니라 영원한 것은 절대 없다.
고통을 즐기라는 말 따위는 하지 않겠다.
애초에 고통스러운 사람에게
고통을 즐기라고 말했다간 '정신병자'
취급당하기에 딱 좋으니까.
대신 이 고통이 언젠가는 꼭 끝날 것이고,
이 고통으로부터 무언가 배운 게 있다면
그것만으로도 고통에 의미가 있다고 얘기해 주고 싶다.
지금 겪고 있는 고통이 언젠가는 훈장이 될 것이고,
성장이란 고통을 이겨 내기 때문에
그 진정한 가치가 빛을 발하는 법이다.

패왕의 바이블

인생은 후반전이다

지금 여건이 안 좋고 상황이 힘들어도
조바심을 갖지 마라.
옆에 있는 친구나 지인이 잘된다고 해서
시기하고 배 아파할 필요 없다.
전반전에 한 골 먹혔다고 좌절할 것인가?
인생의 진정한 승부는 후반전에 주로 갈리게 된다.
대기만성형 인간이 되려고 노력해야 한다.
대기만성형의 유명한 인물로는 아이젠하워(미국의 전
대통령), 할랜드 샌더스(KFC 설립자), 애나 메리 모지스
(화가) 등이 있다.
위의 인물들은 나이에 연연하지 않고 오히려 늦은 나이에
시작하였기 때문에 다른 이들보다 더욱 노력하였다.
대기만성형 인간이 되기 위해 인내심은 필수조건이지만
아무런 노력도 하지 않고 기다리기만 한다면 그냥 나이만
먹어 갈 뿐이다.
열심히 뛰고 전술적인 플레이를 펼쳐야 후반전에 한 골
넣을 수 있는 것처럼 남들보다 꿈을 크게 가지고, 미래
설계에 대해 구체적으로 계획을 세우며 목표 달성을 할
때까지 인내하면 당신도 대기만성형 인간이 될 수 있을
것이다.

미움받을 용기

비난받을 걸 알면서 행동으로 옮기는 자가 진정한 용기를
가진 자이다.

그자만이 원대한 꿈을 이룰 수 있다.

용기를 가지는 것은 많은 연습이 필요하며

용기를 가진 자만이 세상을 바꿀 수가 있다.

사회적으로는 대기업의 수장과 대통령 그리고

국회의원들이 국민에게 비난을 많이 받는다.

그들은 사람들로부터 비난을 받지만, 세상을 바꿀 힘을
가지고 있다.

그래서 비난 뒤에는 존경과 시기, 부러움이

따라오게 된다.

그들에게 비난은 그저 정상에 도달하지 못한 자의 외침일
뿐, 대업을 이루기 위해 비난은 귀담아듣지 않는다.

비난받을 자리에 있지만 묵묵히 나의 길을 걸어가는 것,
그것이 용기이다.

그릇이 큰 사람은 비난을 흘려듣는다.

하지만 그릇이 큰 걸 넘어서 포부와 기개가 넘치는 자는
비난 따위를 오히려 감사하게 생각한다.

욕먹어도 그냥 해라

살다 보면 욕을 안 먹는 것보다 욕을 먹는 경우가 더
많을 것이다.
사람이란 칭찬보다는 비난하는 것이 더 쉽다고 느낀다.
특히 가면을 쓰고 있으면 말이다.
사람들은 상대방을 치켜세우는 것보다 깎아내리는 것이
자신의 가치가 상승한다는 걸 본능적으로 잘 알고 있다.
과학적 논문을 들이대지 않아도 인터넷에서 사람들이
활동하는 모습만 봐도 그렇다.
그저 익명이라는 이유로 자신의 이름이 더럽혀지지
않으니 마음껏 비난을 퍼부어 댄다.
그래서 사람들은 칭찬에는 인색하다.
혹시 '팔려 가는 당나귀' 이야기를 알고 있는가?
어느 부부가 당나귀 한 마리를 팔기 위해 장으로 끌고
가고 있었다.
그러자 사람들이 속삭이며 이야기했다.
"쯧쯧, 저렇게 멍청하다니. 당나귀를 타고 가면 되지.
그냥 폼으로 놔두는군."
그래서 부부가 당나귀에 올라타기 시작했다.
"둘씩이나 타다니 말 못 하는 짐승이 불쌍하지도 않아?"
그래서 아내는 당나귀에서 내렸고,

남편 혼자 당나귀에 올라탔다.

그러자 사람들은 또 수군거렸다.

"여자를 혼자 걷게 하다니 매너도 없군."

그래서 이번에는 역할을 바꿔서 남편이 내렸고,

아내를 태웠다.

그랬더니 또 수군거리면서 하는 말이

"어휴, 여자만 혼자 타도록 놔두냐?"

위의 동화는 여러 가지 변형이 존재하지만, 여기에서

얻을 수 있는 교훈은 모두 같다.

다른 사람이 뭐라 그러든 자기 생각이

가장 중요하다는 것이다.

어차피 뭘 해도 욕먹을 세상이라면

욕먹더라도 그냥 해라.

자신의 신념대로 소신껏 밀어붙이는 거다.

패왕의 바이블

다양한 경험은 3가지를 이해하게 한다

첫째, 상대를 이해하게 된다.

다양한 경험이란

다양한 상황과 다양한 사람을 접하게 된다는 것이다.

다양한 사람을 만나면서 '같은 상황에서의 다른 시각'을

상대방에게서 배울 기회가 생긴다.

그러므로 상대에 대한 이해도가 높아지게 된다.

둘째, 사회를 이해하게 된다.

다양한 경험이 모여 곧 정신적인 재산이 된다면

세상이 돌아가는 이치에 대해 깨닫기 시작한다.

평생을 하나의 경험만 한 사람보다 조금이라도 다양한

경험을 한 사람은 세상을 바라보는 시각 자체가 다르다.

셋째, 자신을 이해하게 된다.

다양한 경험 속에서 자신이 무엇이 부족한지

많은 사람들로부터 다양한 충고와 조언을 얻게 된다.

그러한 충고와 조언을 새겨들으며 나를 더 성장시키다

보면 자신이 어떠한 점이 부족했는지, 어떠한 부분에서

강점이 있는지 자신을 이해할 수 있게 된다.

자신을 위해, 타인을 위해, 사회를 위해

경험은 많으면 많을수록 좋다.

자신을 믿는 게 가장 중요한 이유

우리는 종종 성공의 여정에서 미래에 대한 불확실성과
스스로에 대한 의구심으로 불안해할 때가 있다.
그럴 때 가장 필요한 것이 '자신을 믿는 힘'이다.
자신을 믿을 때 비로소 자신감이 생기게 되고,
자신감은 고난과 역경을 헤쳐 나갈 수 있는
원동력이 된다.
'자신을 믿는 힘'이 충만한 사람은 시련과 불행에 대해
탄력적으로 대응하고 실패를 기회로 삼으며 자신의 꿈을
이루기 위한 목적이 분명하다.
자신을 믿고 앞으로 나아가려 할 때 당신을 헐뜯거나
비난하는 이들은 무조건 생기기 마련이다.
"넌 분명히 안 될 거야."
"다시 생각해 봐, 분명 실패한다니까?"
모두가 나를 실패할 것으로 생각했을 때
내가 나를 믿지 못한다면 어찌 성공할 수 있을까?
모두가 안 된다고 할 때 성공한다면
그 성취감은 말로 표현할 수 없다.
성공으로의 여정은 항상 힘들고 절망적일 것이다.
하지만 '자신을 믿는 힘'은

패왕의 바이블

성공 가능성에 기반을 두는 것이 아니라
성장하고 있는 자신에게 기반을 두는 것이다.
어제보다 오늘 조금이라도 성장했다면
'자신을 믿는 힘'은 충분히 발휘될 것이다.
'자신을 믿는 힘'을 믿고 앞으로 나아가라.
그리고 당신을 믿어 주고 좋은 영향을 주는 사람과
교류하고 소통하라.

자신과 타협하지 마라

목표를 정했으면 그 길이 고난과 역경이 가득하더라도
굳건히 밀어붙일 수 있는 강단이 있어야 한다.
예상하지 못했다고
해 본 적이 없다고
비난이 두렵다고
오늘은 피곤하니 내일로 미루며
편한 길로 타협하려 든다면 본인 스스로 빨리 깨우쳐라.
타협은 상대방과 하는 것이지
자신과 하는 것이 아니다.
자신과의 타협은 결국 자신과의 싸움에서 진 자가 마음의
평안을 찾고자 행하는 자기합리화에 지나지 않는다.
결국 자신과의 타협이 서툰 사람이 더 멀리,
더 높이 올라갈 것이다.

패왕의 바이블

당장 실행에 옮겨라

전깃줄 위에 참새가 다섯 마리가 앉아 있다.
그중 두 마리가 날아올라야겠다고 결심했다.
그럼, 전깃줄 위의 참새는 총 몇 마리겠는가?
정답은 다섯 마리이다.
결심을 한 것과 실행에 옮긴 것은 전혀 다르기
때문이다.
결심만 하지 말고 그냥 해라.
당신이 나의 책을 읽어 주는 건 고맙지만,
당장 책을 덮고 실행에 옮겨라.
당신이 진정 원하고 가슴이 시키는 것을 해라.
생각이 많아지면 행동은 더 늦어질 뿐이다.
당신이 두려워하던 것들도 막상 시작하면 별것 아니다.
타인의 시선 때문에 시작을 망설이고 두려움에 떨고
있는 현재 당신의 모습이 부끄러울 정도로 '그 일'은
정말 아무것도 아닐 수도 있다.
그러니 그냥 생각하지 말고, 해라.
일단 시작하고 나면 보이지 않던 것이 보이게 되고
그게 자신이 진정 가야 할 길인지 아닌지 그때 가서야
판단할 수 있을 것이다.

당신은 선물과도 같은 존재다

당신이 누군가에게 고급 자동차를 선물해 주고 몇 년
뒤에 찾아가 보았다.

선물 받은 사람은 고급 자동차의 이름에 걸맞게 아름다운
외관을 유지하고 있었으며 실내 청소 상태마저 깔끔했다.
선물해 주기 잘했다는 생각이 들 것이다.

또 다른 누군가에게도 고급 자동차를 선물해 주고 몇 년
뒤 찾아가 보았다.

하지만 앞의 상황과는 반대로 고급 자동차는 폐차 상태가
되어 있었고 외진 곳에 방치 중이었다.

이 사람에게는 두 번 다시 차량을 선물해 주고 싶지
않을 것이다.

당신은 신이라는 존재를 믿는가?

믿는다면, 신이 당신을 바라볼 때
어떤 감정과 느낌으로 보길 원하는가?

신은 당신에게 열심히 일을 할 수 있는 육체를 주었으며
자아를 실현하고 성찰할 수 있는 정신을 주었다.

하지만 당신이 자신을 전혀 돌보려 하지 않고 최고의
상태로 유지하지 않으며 폐인처럼 살아가면서 인생을
낭비하고 있다면 신이 당신을 바라보았을 때 후회하지
않을까?

마치 고급 자동차를 관리하지 못한 사람에게
선물을 해 준 것을 후회하듯이 말이다.
결국 당신이 건강한 상태를 유지하고 당신 삶을 더욱더
진취적으로 살아가며 삶에 최선을 다한다는 것은 결국
신에게 경의를 표하는 것이다.
그리고 스스로에게 최선을 다한 당신을 보며 더욱더 많은
것을 선물해 주고 싶을 것이다.
행운과 기회라는 선물 말이다.

결점 있는 삶이 아름답다

결점이 있는 삶이야말로 존경받아야 마땅하다.

베토벤이 음악의 신이라고 불리는 데 크게 공헌한 것은
그가 청각장애를 딛고 일어선 위대한 작곡가라는 사실이
한몫했을 것이다.

헬렌 켈러가 아직도 많은 사람들에게 회자되는 이유는
들을 수도 볼 수도 말할 수도 없는 시청각장애인으로서
크나큰 신체적 결점이 있었지만, 많은 사람들에게 영감을
주며 교육가이자 사회운동가로 명성을 떨쳤기 때문이다.

평범한 삶보다 결함과 결점이 있는 삶이 더 아름답다.

평범한 사람이 성공을 거두는 모습보다 결점이 있는
사람이 성공을 거두는 모습에 우리는 박수를 보낸다.

그가 가지고 있는 결점이 얼마나 그를 괴롭혀 왔는지
어렴풋이 알기 때문에 그럴 것이다.

결점을 극복하는 모습이야말로 보는 사람들의
심금을 울린다.

다른 이보다 결점이 많다고 좌절하지 마라.

결점의 개수와 영광은 비례한다.

당신 주변의 박수 소리가 그걸 증명해 줄 것이다.

패왕의 바이블

당신이 포기하는 것은 상대가 진정 바라는 것이다

삶의 무게가 두 어깨를 짓누르는 상황에서

여러 악재가 연이어 터질 때

게다가 당신의 적이 당신을 억압하는 상황에서

많은 사람이 스스로 목숨을 끊는 경우를 종종 보았다.

본인이 잘못한 상황도 아닌데 말이다.

상대방에 의해서 당신이 권리, 신념, 심지어 목숨까지

포기하게 된다면 그건 상대가 원하는 대로

흘러가는 것이다.

고작 그런 놈 때문에 왜 당신이 죽는소리해야 하는

것인가?

당신이 이대로 쓰러진다면 그가 가장 좋아하는

상황일 것이다.

죽는소리하지 마라.

모든 걸 포기하고 합리화하지 마라.

상대가 원하는 대로 흘러가게 만들지 마라.

당신을 죽이지 못하는 고통은 당신을 더 강하게 만든다.

경험치는 우리가 키울 수 있는 능력 중 최고의 능력이다

경험치가 많이 쌓이면 쌓일수록 우리는 점점 성장한다.
그리고 경험치 중 단연 최고의 경험치는 고통스러운
경험이다.
인생에서 다양한 경험을 하게 되면 도움이 되는 것은
명백한 사실이다.
그게 좋은 경험이든 안 좋은 경험이든 특별한 경험이든
여러 가지 경험을 통해 현재의 내가 완성되는 것이고
경험치의 수치에 따라 내가 어느 정도로 강한 사람인지
알 수 있는 척도가 된다.
하지만 단순히 경험이 많다고 강함을 증명할 수 있는
것은 아니다.
경험 중에서도 고통스러운 경험이 많아야
진정한 강자라고 할 수 있다.
고통을 회피하지 않는 내면이 강한 사람 말이다.
어쨌거나 고통스러운 경험을 최고의 경험으로
분류하지만 다양한 경험을 해 보는 것 자체만으로도
그 가치를 아주 높게 살 만하다.
경험이 많으면 선택의 갈림길에서 더 현명한 길로
갈 수 있으며 경험의 폭이 크고 넓을수록 마음은

두려움에 잡아먹히지 않게 된다.
비슷한 경험을 여러 번 해 봤으니 두려워할 필요가
없는 것이다.
다양한 경험이 많은 사람은 내면이 단단한 경우가 많다.
그렇기 때문에 경험치는 우리가 키울 수 있는
최고의 능력치이다.

당신의 계획을 말할 필요 없다

"넌 못 해."라고 비아냥거리는 사람에게 대응하지 마라.

딱 한 마디만 하고 전의를 불태워라.

"두고 봐."

길게 말할 필요도 없다.

행동으로 보여 주면 그뿐이니까.

아무 말도 하지 않고 행동으로 증명해 내면 그것만큼

멋있는 게 없다.

아무 말도 하지 않고 행동으로 보여 주려다가 실패하면

적어도 창피하지는 않으나

상대를 납득시키려고 말만 번지르르하며

호언장담하였으나 실패해 버리면 그것만큼

창피한 일이 없다.

그러니 대꾸도 하지 말고 묵묵히 행동으로 보여 주어라.

패왕의 바이블

꿈은 당신을 기다려 주지 않는다

어디까지 올라가고 싶은가?

역사에 어떻게 기억되고 싶은가?

어떠한 업적을 달성하고 싶은가?

그것을 이루기 위해 당신은 무엇을 감수할 수 있는가?

무언가를 이루기 위해 반드시 포기해야 한다면

어떤 걸 포기할 것인가?

무언가를 포기하더라도 그것이 가치 있는 행위라면

주저 없이 달려가라.

아직 길을 찾지 못해도 괜찮다.

길을 정했는데 내딛지 않는 것이 문제인 것이다.

당신의 꿈은 저 높은 곳에서 당신이 오기만을 기다리고

있는데 주저하고 있을 여유가 없다.

장차 크게 될 사람

대업을 이루기 위한 패왕이 되기 위해선
남들이 참지 못하는 것도 참을 수 있어야 하며
남들이 꺼리는 일도 스스럼없이 나설 수 있어야 한다.
또한 장차 크게 될 사람은 사사로이 개인의 감정은
배제할 줄 알아야 한다.
본인의 감정만 최우선으로 해 기분대로 움직이는
사람은 절대 큰일을 할 수 없다.
감정을 뛰어넘어 본질을 파악할 줄 아는 자만이
천하를 제패하고 대업을 이룰 수 있다.
자신의 공은 부하에게 넘길 줄 알아야 하며
부하의 실책은 자신의 책임으로 인정할 줄 알아야 한다.
위의 조건들은 매우 지키기 어려운 것들이며
위의 조건을 다 지킨다고 해서
대업을 이룰 수 있는 것 또한 아니다.
하지만 크게 된 사람들은 모두 위의 조건들을 지켰다.
그렇기 때문에 아무나 큰 사람이 될 수 없는 것이다.

불리한 상황을 역이용하라

연은 순풍이 아니라 역풍일 때 가장 높이 난다.
우리의 인생 또한 마찬가지다.
불리한 상황이 찾아올 때 비로소 당신의 능력을 펼칠
좋은 기회일지도 모른다.
어떤 이는 엘리베이터가 고장 났다며 불평하며 계단을
오르지만 어떤 이는 건강해질 수 있어서 좋다며 계단을
오른다.
어떤 이는 실패 속에서 후회를 발견하며 한탄하지만
어떤 이는 실패 속에서 교훈을 발견하며 성장한다.
불리한 상황은 하늘이 당신의 능력을 시험하는 것이다.
더 강해질 준비가 되었는지, 더 높이 올라갈 준비가
되었는지 말이다.
모두가 안 된다고 할 때 그 속에서 기회를 발견해야
하며 모두가 도망칠 때 홀로 맞서는 법을 배워야 한다.
불리함을 당신의 성장동력으로 삼으면
당신은 그제야 성장할 것이다.

끼리끼리는 과학이다

가까운 지인 5명의 평균 수준이 당신이다.

1급수에 사는 물고기들은 1급수의 물고기들과

어울린다.

물고기뿐만 아니라, 사람도 마찬가지다.

같이 어울리며 주된 관심사가 통일되고, 세상을 바라보는

시각이 비슷해진다.

'내 주변에는 왜 이런 사람들밖에 없어.'라고

한탄하지 마라.

어차피 그들도 그렇게 생각하고 있으니까.

끼리끼리 어울린다는 것은

정말 과학적 분석의 결과이다.

부정하지 마라.

근묵자흑이라는 말이 괜히 있겠는가?

주변 사람을 탓하지 마라.

그리고 더 나은 사람이 되기 위해 더 큰물에서 놀아라.

훌륭한 위인들 주변에는 훌륭한 사람들의 도움이

대단히 많았다.

나 자신의 가치를 높이고 싶다면,

주변 사람을 신중하게 만나야 한다.

패왕의 바이블

강해져야만 한다

세상을 변화시키고 싶다면 강자가 되어라.

먹이사슬 피라미드 꼭대기에 군림하고 싶다면

강자가 되어라.

약자를 보호해 주고 싶다면 강자가 되어라.

약자를 지배하고 싶다면 강자가 되어라.

기존 강자를 무너뜨리고 혁명을 꿈꾼다면 강자가 되어라.

남에게 무시당하지 않으려면 강자가 되어라.

꿈을 이루기 위해 독기를 품은 강자가 되어라.

현실이 지옥 같다면 이 지옥 같은 현실에서 살아남기

위해 강자가 되어라.

강자가 되지 않을 이유가 없다.

강자에게 잡아먹히는 약자는 동정에 호소할 뿐,

가진 힘이 없으니 대항하지 못하고 잡아먹히고 만다.

약자를 잡아먹는 것도 힘이 있어야 가능하지만

약자를 보호해 주는 것도 힘이 있어야 가능한 일.

약자를 잡아먹든 보호하든 본인의 신념대로 행동하면

그뿐이다.

강자가 되기 위해 선택할 수 있는 분야는 다양하다.

무력, 돈, 명예, 사상, 정치, 지능

자신이 선택하고 싶은 분야에서 계획을 세우고,

끊임없이 자신을 채찍질하며 강자가 되는 여정을
준비하라.
하고 싶은 게 없을 때, 목표도 희망도 없을 때,
이것 하나만 명심해라.
강자가 되어라.

세상을 바꾸려거든 싸울 준비가 되어야 한다

며칠 전 사고를 당해 가해자로부터 보험 처리를
받아야 하는데 가해자가 보험 처리를 해 주지 않아
대판 싸운 적이 있었다.
사실 법대로라면 싸우지 않고도 보험 처리를 받을 수
있으나 그 사람의 비아냥거리는 태도와 인성 때문에
도저히 화를 참을 수 없었고 오랜만에 스트레스를
받았다.
그러다가 문득 이런 생각이 들었다.
서로의 생각과 사상이 다른 국회의원들은 국회에서
시도 때도 없이 싸워 대는데
'나랏일은 정말 아무나 하는 게 아니구나.'라는 것을….
우리는 살아가면서 끊임없이 누군가와 타협하거나
합의해야 한다.
그러다가 내 생각에 반대하는 자들을 만나게 되면
처음에는 정숙하고 조심스럽게 대화하다가 서로의 감정이
격해지면 언성이 높아지면서 고함을 치게 된다.
그게 잘못된 대화 방식이라는 것을 알면서도 이성을 잃게
되면 이전의 상태로 돌아가는 것은 이미 물 건너간
것이다.
그러다가 싸움에서 지거나 큰 화를 당하게 되면 대부분의

사람은 똑같은 경험을 하지 않으려 방어적이고 소극적인
태도를 취하게 된다.

사회에서 받은 상처가 많은 사람일수록
은둔형 외톨이가 되는 것처럼….

하지만 강단이 있고 배포가 있는 자만이 물러서지 않고
계속 투쟁하는 것이다.

세상을 바꾸는 자들은 보이는 곳에서건 보이지 않는
곳에서건 끊임없이 누군가와 투쟁을 해 왔다.

목에 핏대를 세워 가며 상대방과 싸우기도 하지만,
본인의 내면과 싸우기도 한다.

세상을 움직이고 바꾸려면 나와 생각이 다른 사람과
합의점을 찾고 그들의 마음을 움직여야 한다.

마음을 움직이지 못한다면 '맞서 싸워서라도 이기고
말겠다.'는 강한 투지가 중요하다.

그러기 위해선 나를 적대시하는 자를 두려워하면
안 된다.

그자의 마음을 움직이기 위해서
화해를 청하든, 언쟁을 벌이든, 타협하든,
무엇이든 당당히 맞서야 원하는 것을 쟁취할 수 있다.

패왕의 바이블

한계를 뚫을 때 더 강해진다

우리의 뇌는 생존 법칙의 전략에 따라
40% 지점에서 한계라고 인식하게 된다.
당신의 뇌가
'여기까지만 하자.'
'이젠 한계야.'라고 소리칠 때
전체 에너지의 고작 40%밖에 쓰지 않았다는 말이다.
당신의 뇌는 당신을 보호하기 위해
한계 지점에 도달했다고 느끼는 즉시 공포와 고통을
당신에게 선사할 것이다.
그렇게 해야만 당신이 그만둘 테니까.
다음에 한계에 부딪혔을 때,
단 10%만이라도 더 힘을 낸다면
당신의 한계를 견뎌 내는 힘은 점점 커질 것이고
뇌의 한계 수용 범위도 더 늘어날 것이다.
한계를 넘어설 때 더 성장한다는 것을 명심하라.

뇌를 속여서 더 강해지는 법

인간의 뇌는 무언가를 끊임없이 주입하면
실제로 일어난 일인 것처럼 생각하게 되고
그 정보를 따라 하게 된다.
이건 단순한 동기부여가 아니라 과학적으로 입증된
흥미로운 사실이다.
당신 스스로 보잘것없는 사람이라고 생각하고
그렇게 느낀다면, 당신의 뇌는 스스로
보잘것없는 사람으로 만들 것이다.
하지만 스스로 강인하고 멋지고
훌륭한 사람이라고 생각한다면,
당신의 뇌는 그것들을 실현하려고 노력할 것이다.
거짓말도 끊임없이 계속하다 보면
당신의 뇌는 그것을 믿게 될 것이고,
끝내 그것이 현실이 되는 것이다.

패왕의 바이블

나쁘지 않은 것은 나쁜 것이다

'뭐, 이 정도면 나쁘지 않은데?'
그렇게 느낀다면 바꿔야 할 필요성을 느끼지 못하고
현재 상태에서 정체되기 마련이다.
무언가를 바꾸기에 가장 애매한 상태가
우리를 오랫동안 변화시키지 못하게 붙잡고 있다.
아예 상황이 안 좋았다면 더 좋은 방향으로
변화시키려고 노력하고 동기를 얻었을 텐데 말이다.
불편하지 않다고 해서 과연 괜찮은 것일까?
고통을 더 이상 견딜 수 없을 때
인간은 움직이게 된다.
고통스럽지 않고 그럭저럭 참을 만하고 평온한
상태에서는 열정과 가능성을 키울 수 없는 법이다.
그러니 나쁘지 않은 것은 결국 나쁜 것이고,
나쁜 것은 결국 좋은 것이다.

미친 실행력은 운을 압도한다

유명한 도자기 수업에 관한 이야기를 알고 있는가?

어떤 도자기 수업의 선생님이 2개의 그룹으로 나누어

수업을 진행했는데,

각 그룹에 이번 학기 최종 목표를 알려 주었다.

A그룹 학생들의 최종 목표는 완성도가 뛰어난 최고의

도자기 1개를 만드는 것이었고,

B그룹 학생들의 최종 목표는 무조건 많은 도자기를

만드는 것이었는데 오로지 도자기의 개수로 성적을

매기기로 하였다.

그리고 학기가 끝나자, 선생님은 학생들의 성적을

매겼는데 놀라운 결과가 나왔다.

단순히 양만 많이 만들면 되는 B그룹의 학생들이

A그룹의 학생들보다 도자기를 더 많이 만든 것은

당연하고 품질마저 더 뛰어났기 때문이다.

여기서 깨달을 수 있는 아주 중요한 교훈이 있다.

'양이 운을 이긴다.'

단 하나를 완벽하게 잘 만들기 위해 운에 의존하여

만들다 보면 어쩌면 최고의 결과가 나올 수도 있지만,

운에 의존하지 않으려면 엄청난 양의 작업을 하면

되는 것이다.

모차르트는 600곡 이상을 작곡했고

피카소는 5만 점 이상의 작품을 냈으며

레오나르도 다빈치는 7,000페이지의 노트에 수많은

아이디어를 남겼고

아이작 아시모프는 500권 이상의 책을 썼으며

에디슨은 1,000개가 넘는 특허와 제품을 발명했다.

사람들은 성공한 사람의 단 몇 가지 작품만을 바라보며

성공했다고 생각하지만, 그들은 성공하기까지

수백수천 개의 작품을 만들었다.

길을 정하고 그 분야에서 무식하게 밀어붙이다 보면

결국 답을 찾게 될 것이다.

2 장

마음가짐

부끄러운 과거에 집착하지 않을 것

목숨을 구걸하더라도 천하를 통일한다면
하나의 과정일 뿐이다.
지난날의 수치스러움, 굴욕, 부끄러움은 잊어라.
목표를 향해 전진하며 성공과 대업을 이루기만 한다면
지난날의 모욕과 굴욕은 아무것도 아니게 된다.
오히려 당신을 우러러볼 것이다.
큰일을 해낸 사람들이 평탄하고
순조롭기만 한 인생을 살아와서
크게 성공했다고 생각하는가?
성공 뒤에는 실패라는 거대한 그림자가 있다.
그 그림자에는 굴욕과 패배, 절망과 슬픔이 섞여 있다.

패왕의 바이블

과거의 굴욕이 내 발목을 잡을 때

굴욕적인 과거의 모습을 떠올리며

괴로워하는 모두에게…

'그때는 그때고 지금은 지금이야.

그때와 나는 전혀 다른 사람이야.

나는 이만큼 성장했고, 누구보다 나 자신이 알고 있어.

내가 성장한 걸 다른 사람의 시선과 관심 따위는

신경 쓰지 않아도 돼.

어차피 내 인생의 주인공은 나니까.

남들이 나를 어떻게 생각하든

나는 나일 뿐이야.'

그 기억만 없다면 내 인생은 훨씬 더 행복해질 수 있어

내가 마음이 힘들 때 습관적으로 가장 먼저 떠올리는
말은 '그 기억만 없다면 내 인생은 훨씬 더 행복해질 수
있어.'이다.
당신의 발목을 잡고 앞으로 나아가지 못하게 하는 것이
무엇인지 잘 판단해 보라.
당신을 좌절시키는 것은 현실과 미래가 아니라
과거일지도 모른다.
당신을 늪에 빠지게 만드는 그 기억,
그 기억만 없다면 당신 인생은 훨씬 더
행복해질 것이다.
애초에 없던 일로 만들 수는 없겠지만
비록 잊을 수도 없겠지만
가슴 한쪽에 묻어 두고
그 기억으로부터 교훈을 배우고
내면이 강해지는 연습을 하라.
그렇다면
'그 기억 때문에'가 '그 기억 덕분에'로 변화될 수 있다.

패왕의 바이블

긴장한다는 것은 멋진 일이다

긴장한다는 것은 두려움에서 비롯되는 것이 대부분이다.
"내가 잘해 낼 수 있을까?"
"지난번에는 실패했는데 이번에는 성공할 수 있을까?"
많은 걱정, 근심과 함께 동반된다.
하지만 긴장한다는 것은 내가 성장하고 있다는
증거이다.
운전대를 처음 잡아 보는 사람은 긴장할 수밖에 없지만,
밥 먹듯 운전을 하는 사람은 전혀 긴장하지 않는다.
밥 먹을 때 긴장하는 사람도 없고,
물을 마실 때 긴장하는 사람도 없다.
100% 성공할 것이라는 확신을 들면 긴장하지 않는다.
무언가에 도전할 때 긴장하는 것은 어찌 보면 당연하고
그 도전을 이루어 냄으로써 내가 성장할 수 있다는
것이니 긴장한다는 것은 참으로 멋진 일이다.

고통은 영원한 숙제다

인생은 원래 고통의 연속이다.

그러니 빨리 이 사실에 익숙해져야 한다.

누명에 대한 억울함, 과거의 부끄럽고 수치스러운 기억,

차별을 통해 나타난 분노, 사랑한다고 말하지 못한 후회,

힘에 굴복하는 무기력함, 계획이 없는 미래에 대한

불안함 등등

고통이 없는 환상 같은 아름다운 세상은

존재하지 않는다.

그렇다고 해서 너무 절망하지 마라.

고통이 없다면 인내와 용기를 배울 수 없다.

숙제는 학창 시절에만 존재하는 것이 아니다.

다음에 찾아올 고통을 해결하는 것이 우리 인생의

영원한 숙제다.

다음에 올 고통에 대해 미리 걱정할 필요는 없다.

지금 잘 견뎌 낸 고통을 교훈 삼아

다음 고통도 이겨 낼 테니까 말이다.

나쁜 것을 잊는 나쁜 기억력

우리는 행복하기 위해 안 좋은 과거를 잊는
나쁜 기억력을 가져야 한다.
불행한 기억이 떠오르기 전에는
내 마음의 평안과 행복이 깃들던 것이
어느새 머릿속에는 그 생각들로 가득 차서
일상생활을 불가능하게 만들어 버린다.
'평생 잊고 살았더라면 얼마나 좋았을까?' 하고
후회가 되지만, 생각하지 말자고 되뇔수록
기억은 선명해진다.
과거의 안 좋은 기억들은
우리를 산 채로 갉아먹는 존재이다.
그 기억들은 우리가 굴복하기를 기다리고 있다.
과거의 안 좋은 기억에서 벗어나
당신이 하루라도 더 빨리 자유로워지기를….

인생은 계획대로 흘러가지 않는다

생각한 대로 살아가지 않으면

살아가는 대로 생각하게 된다.

그렇기 때문에 인생에서 계획이란 필수적 요소이다.

하지만 계획이 틀어졌다고 해서

스트레스에 발목을 잡힐 필요는 없다.

원래 인생은 계획한 대로 흘러가지 않기 때문이다.

하루를 살아가는 동안

내가 원하는 대로 할 수 있는 것이 얼마나 될까?

세상은 내 뜻대로 되는 것보다 안 되는 것이 더 많다.

우리는 이 사실에 익숙해져야 한다.

내일 잡힌 약속이 취소될 수도 있고

버스나 지하철이 제시간에 도착하지 않을 수 있으며

길을 가다가 예상치 못한 교통사고를 당할 수도 있다.

심지어 내일 당장 죽을 수도 있는 것이 인생이다.

인생을 설계하되 그 계획에 목매달 필요는 없다.

일이 계획대로 진행된다면 훌륭한 것이고,

계획대로 진행이 안 된다면 당연한 것이다.

당신이 행복해지기 위해선

행복해지기 위해선 행복해지기로 마음먹어야 한다.

그냥 하는 소리가 아니라, 행복해지겠다고 결단하는 것이

무엇보다 중요하다.

인간의 마음은 감정과 생각에 쉽게 속는 경향이 있다.

우리의 마음은 별것도 아닌 외부의 충격에 쉽게

무너지기도 하지만 반대로 마음먹은 대로 이룰 수도 있다.

미국 LA 몬테레이 공원에서 축구 경기가 열린 날,

식중독 증세를 보이던 몇몇 사람들이 있었다.

그들을 검사하던 의사는 이들에게 공통점을

발견하였는데, 모두 같은 자판기에서 판매하고 있는

음료수를 마셨던 것이다.

즉시 축구장 장내 방송으로 '식중독을 일으킬 수 있으니

자판기 음료를 복용하지 말 것'이라는 방송이 퍼져

나가자마자 여기저기서 구토하는 소리가 들리기

시작했다.

멀쩡하던 사람들이 '자판기 음료를 먹었다'는 이유로

갑자기 식중독 증상을 보이기 시작한 것이었다.

경기장 주변 병원의 구급차들은 환자를 실어 나르느라

정신이 없었고, 식중독 증상을 보인 사람들은 모두

실려 갔다.

하지만 식중독의 원인은 자판기의 음료가 아니었고
그 사실을 접한 식중독 환자들은 갑자기 식중독 증상이
회복되는 기적이 일어났다.

플라시보 효과와 노시보 효과만 봐도 믿음이라는 것은
마음을 지배하는 강력한 심리 상태다.

믿음의 힘으로 떨어지는 운석을 막을 수는 없지만, '오늘
하루 행복한 날을 보내게 될 것'이라는 것은 가능하다.

행복한 일들이 발생해서 내가 행복해지는 것이 아니라
행복할 것이라는 믿음이 나를 행복해지게 만드는 것이다.

행복해지기로 마음먹는다면 장담컨대 당신은
더 행복해질 수 있다.

패왕의 바이블

행복은 가까이에 있다

행복을 찾으러 좇는 것도 좋지만,

지금 당장의 행복을 느껴 보는 것도 좋다.

자기 발아래에 있는 행복을 느끼지 못하는 자는

멀리 있는 행복이 가까이 오더라도 느끼지 못할 것이다.

더 큰 행복을 갈구하다가

자신의 발아래에 있는 행복마저 놓쳐 버릴 것이다.

행복은 학창 시절 방학 숙제처럼 나중으로

미루는 것이 아니라

지금 당장 행복을 느껴야 한다.

나중에 만끽하려는 그 행복이

당신을 기다려 주지 않을 수 있으니까 말이다.

대업을 달성하기 위해
잔챙이는 신경 쓰지 마라

"나는 지금 더 큰 전쟁을 준비 중이야.

너같이 하찮은 것과 상대하고 있을 시간이 없어."

별것도 아닌 인간에게 에너지를 낭비하지 마라.

그 에너지를, 자신을 위해 활용하라.

에너지는 무한한 것이 아니다.

하루에 사용할 수 있는 양이 정해져 있다.

꿈을 이루기 위해 그리고 대업을 달성하기 위해

그 에너지를, 자신을 위해 현명하게 사용하여야 한다.

내면의 그릇이 큰 사람

깊은 강물은 돌을 집어 던져도 흐려지지 않지만
작은 웅덩이는 조약돌 하나에도 크게 요동친다.
모욕을 받고 울컥하는 인간은 작은 웅덩이에 불과하다.
모욕과 굴욕에 어떻게 대응하느냐를 살펴보면
그 사람의 그릇을 확인할 수 있다.
그릇이 작은 사람은 감정이 본인을 지배하지만
그릇이 큰 사람은 본인이 감정을 지배한다.
쉽게 동요하지 마라.
쉽게 흔들리지 마라.
고작 그 정도 작은 일에 마음이 요동친단 말인가?
그 정도 작은 일에 무릎 꿇고 굴복할 것인가?
큰일 난 것처럼 행동하지 마라.
사람이 죽은 게 아니라면
나라가 망한 게 아니라면
그까짓 굴욕과 고통쯤 별것 아니다.

그때 알았다면 더 좋았을걸… 과연 그럴까?

'그때 알았다면 더 좋았을걸…'이라고
후회하지 마라.
'그렇게 따지면 태어났을 때부터 미리 알고
태어나지 그랬어?'
실수해야만 배울 수 있는 것들이 있다.
후회라는 감정도 성장하고 있다는 증거다.
우리는 모두 실수를 통해 성장하고
성장이 되었을 때 '후회'라는 감정이 나타나는 것이다.
'그때 그렇게 행동하지 말 걸 그랬어.
이번에 하나 배웠구나.'
누구나 그렇게 어른이 되고,
이 경험과 지혜 덕분에 인생에서의
격차가 나타나게 된다.
명심해라.
인생에서 우리가 우러러보는 사람들은 다른 이들보다
더 많은 후회와 더 많은 경험을 겪었다는 것을….
그러니 하나씩 배울 때마다 과거를 후회하지 말고,
내가 성장하고 있다고 자랑스럽게 생각하라.

패왕의 바이블

기가 센 사람이 되어라

흔히 '기가 세다.'고 한다면
자기주장이 강하면서 고집이 세고,
자기 마음대로 독단적으로 행동하는 사람들을 떠올린다.
하지만 그건 기가 센 게 아니다.
사람들은 '기가 센 것'과 '예의가 없는 것'을
헷갈려 한다.
'기가 세다.'는 것은 다른 사람의 감정에 동화되지 않고
마음의 동요 없이 평정심을 유지하여
온전히 자신의 길을 걷는 것이다.
그래서 기가 센 사람은 겉으로는 부드럽지만,
속은 단단한 경우가 많다.
자신에게 부정적인 말과 공격적인 태도를 보이는
사람이 있다면 나도 똑같이 대하고 싶은 게
일반적인 사람의 심리일 것이다.
하지만 기가 센 사람은 공격적인 언행에 맞서지 않고,
오히려 상대방의 공격적인 언행을
부드러운 태도로 중화해 버린다.
한순간에 상대는 그저 작은 일로 화를 내는
'그릇이 작은 사람'이 되어 버린 것이다.
그래서 기가 센 사람은 웃으며 하고 싶은 말은

다 할 줄 아는 '강인한 내면'의 소유자들이다.
반드시 명심해라. 똥과 싸우면 나도 똥이 된다.
다른 사람의 분노와 미움 같은 부정적인 감정에
휘둘리지 않는 내면이 단단한
'기가 센 사람'이 되어야 한다.

상대에게 저주를 내리고 싶다면

저주를 퍼붓는다고 상대는 굴복당하지 않는다.

아무런 타격을 받지 않는다.

상대에게 저주는 통하지 않지만,

철저한 계획과 목표를 향한 집념은

상대방에게 도달이 가능하다.

목적을 이루기 위한 수단이 돈이든, 권력이든, 명예든

저주를 운운하며 상대방을 험담하는 자는

무력한 패자의 외침일 뿐이다.

상대방을 끌어내리기 위한 저주를 멈추고,

직접 행동으로 보여라.

깨달음은 고통에 기반을 둔다

깨달음에 가장 쉽게 도달하는 방법은

고통을 주입하는 것이다.

고통이 없는 교훈은 의미가 없다.

무언가의 희생이 없이는 그 어떤 것도 얻을 수가 없다.

가장 어리석은 자는

스스로에게 고통을 심어 놓고

깨달음을 얻지 못한 자이다.

패왕의 바이블

당신에게 불행은 무조건 찾아온다
불행을 극복하는 것도 당신이다

당신의 힘으로 어쩔 수 없는 불행들이 찾아올 수 있다.

그건 당신이 원해서 그렇게 된 것도 아니고

당신이 잘못해서 그런 것도 아니다.

당신의 문제와는 상관없이

그냥 당신에게 그런 시련이 찾아온 것이다.

그런데 불행한 삶을 살았다고 해서 그대로 주저앉아

버린다면 그건 당신이 잘못한 거다.

인생은 항상 계획대로 흘러가지 않기 때문에

당신이 세운 목표와는 반대로 흘러가기도 한다.

그럴 때마다 주변 환경 탓, 여건 탓으로 돌려 버리며

매번 포기를 한다면 그건 당신 잘못이다.

불행은 당신이 선택한 게 아니지만,

그에 따른 결과는 당신이 선택한 것이다.

불행이 찾아왔을 때 좌절하며 쓰러지는 것도

당신이지만 결국 그걸 극복하는 것도 당신이다.

넘어졌다면 무언가를 주워라

실수를 통해서만 배울 수 있는 것들이 있는 법이다.

실수는 스스로를 성장하게 한다.

하지만 그것은 실수를 통해 교훈을 깨달았을 때만

해당한다.

실수를 통해 아무것도 느끼지 못했다면

다음에도 같은 실수를 반복하게 되고

그건 더 이상 실수라고 부르지 않는다.

실력이라고 부른다.

사람은 누구나 실수하고 넘어진다.

지구상에 완벽한 인간이란

그 어디에도 존재하지 않기 때문이다.

넘어졌다면 반드시 무언가를 주워야 한다.

무언가를 줍지 않는다면 그 값진 교훈을 얻을 기회를

날려 버리는 것과 마찬가지다.

패왕의 바이블

난 실패한 게 아니야.
아직 굴복하지 않았으니까

실패에 굴복하면 패배를 인정하는 꼴이다.
죽어도 패배와 실패를 인정하기 싫다면
굴복하지 마라.
실패했다는 것을 인정하더라도 무릎을 꿇지 마라.
'결국 최후에는 내가 이길 것이다.'라는 것을
보여 주어라.
실패하면 다시 밑바닥에서부터 차근차근 올라가면 된다.
결국 끈질기게 투쟁하는 자만이
성공의 반열에 올라설 수 있으니까 말이다.
그동안 수많은 실패와 고통은
끊임없이 우리를 괴롭혀 왔다.
지금 겪는 실패 따위는 별것 아니다.

과거로 돌아온 당신

당신은 지금 86세의 노인이다.

암세포가 온몸에 전이가 되어 죽음을 맞이하고 있다.

죽기 직전 저승사자가 다가와 마지막 부탁이 있으면

하나만 들어주겠다고 했다.

'내 인생에서 가장 찬란하고 빛나던 그때로 돌아가게

해 주세요. 단 하루만이라도 좋으니, 그때로 돌아가

인생을 즐겨 보고 싶어요.'

그러자 당신은 지금 나이로 돌아와 단 하루의 삶이

주어졌다.

단 하루만 살 수 있다면

시간을 어떻게 활용하고 싶은가?

그냥 흘러만 가는 시간이 아깝게 느껴지진 않는가?

우리에게 주어진 시간은 유한하지만,

무한한 것처럼 살며 인생을 낭비할 때가 많다.

저승사자를 설득해 과거로 돌아왔다고 생각하면

억지로라도 삶을 활력 있고 보람 있게 살려고

애쓰게 된다.

항상 명심해라.

우리에게 주어진 시간은 그리 길지 않다는 것을….

패왕의 바이블

관직이나 계급, 직위에 목매달지 마라

집착하지 마라. 어차피 다 허울뿐인 자리다.
세상에 영원한 권력은 없으며 권력의 갑옷을 벗게 되면
남아 있는 것은 하얀 속살을 지니고 있는
'나' 자신이다.
'자리가 사람을 만든다.'
분명 맞는 말이다.
해당 자리에 오르게 되면 원래 그렇지 않던 사람도
자리에 걸맞은 사람으로 변하게 되어 있다.
하지만 그 자리는 어차피 영원하지 않은
허울뿐인 자리다.
높은 관직과 계급, 직위에 오르지 않더라도
본인 스스로 그에 걸맞게 행동하고 생각하고
마음가짐을 가진다면 반드시 그렇게 될 수 있다.
기업의 대표가 되고 나서 대표 역할을 수행하는 것이
아니다.
그 전부터 대표의 마음가짐과 성격, 행동을 따라 했으니
대표가 된 것이다.
대통령과 국회의원도 사회적으로 높은 직위를 가졌기
때문에 그렇게 행동하는 것이 아니다.
이미 그전부터 높은 직위의 마음가짐과 행동, 생각

등을 행해 왔기 때문에 국민이 뽑아 준 것이다.

당신 또한 마찬가지다.

허울뿐인 자리에 집착하지 말고,

자신이 진정 무엇이 되고 싶은지 고민해야 한다.

위인이자 영웅이 되고 싶은 당신에게 전하고 싶다.

훌륭하고 그럴듯한 명패가 있어야

당신의 뜻을 펼칠 수 있나?

그런 것 따위 없어도 당신이 그렇게 되겠다고 다짐하고

행동하면 된다. 단지 그뿐이다.

'인생은 모두 부업일 뿐이다.

자기 자신을 아는 것이 본업이다.'

패왕의 바이블

남들과 비교하지 말고, 과거의 나와 비교하라

자신의 자존감을 지키는 것은 매우 중요하다.
본인의 자존감을 갉아먹는 경우는 여러 가지가 있지만
그중 하나는 '타인'과 '나'를 비교하는 것이다.
우리는 모두 다른 환경에서 태어났고,
다른 것을 보면서 자라 왔다.
누구는 600억 자산가의 금수저 자식으로 태어났고
누구는 반지하가 유일한 삶의 터전인
흙수저의 자식으로 태어났으며
누구는 태어나보니 부모님이 안 계실지도 모른다.
부모님 없이 자라 온 사람은 흙수저 자식이 부러울
것이고 흙수저 자식은 금수저 자식이 부러울 것이다.
부러운 것은 당연하지만 그걸 비교하기 시작하는 순간
본인의 인생을 부정하기 시작하며 곧 자존감 하락으로
이어진다.
태어났을 때 본인이 어떤 환경에서 태어났든 그건 본인이
결정할 수 있는 조건이 아니다.
타인과 비교하지 말고, 과거의 자신과 비교해야 한다.
주어진 환경에서 지난 과거보다 오늘이 더 성장하였다면
그걸로 족하다.

사람이 가장 빛날 때

인생은 고통으로 가득 차 있다.

그리고 사람이 가장 빛이 날 때는

그 고통을 극복하고 이겨 낼 때 가장 빛난다.

행복이 아름다운 이유는 희귀하기 때문이다.

행복만이 가득한 세상에서는 행복을 느끼지 못한다.

행복이라는 감정에 무뎌져서 행복할 수 없다.

행복은 불행과 공존해야

행복이라는 감정을 느낄 수 있기 때문이다.

주말이 즐겁고 행복한 이유는

평일보다 짧고 희귀하기 때문이다.

인생에서 주말만 있다면 행복을 느끼지 못할 것이다.

인생도 마찬가지다.

행복이 아름다운 이유는

삶은 원래 고통스럽기 때문이다.

그리고 사람은 고통을 극복하느냐 못 하느냐에 따라

자신의 진정한 가치가 매겨진다.

원치 않은 불행은 늘 찾아온다

불행은 내가 원하지 않아도 반드시 나를 찾아오게 된다.
세상은 내 뜻대로 되는 것보다
안 되는 것이 월등히 많다.
자신에게 일어난 불행도 내가 초래한 것인지, 아닌지
살펴보면 내가 초래하지 않았을 가능성이 더 크다.
그러니 자신에게 일어난 불행에 대해서 자책하지 말고,
실망하지 마라.
그리고 나의 불행은 나에게서 기인하는 것인지
확실히 인지하라.
나 때문에 일어난 불행한 사건이면
앞으로 그런 일이 발생하지 않도록 고쳐 나갈 수 있지만,
나 때문이 아니라면 내가 간섭할 문제가 아니니
스트레스 받으며 마음 쓰지 마라.

마음에 담아 두지 않으면 아무 일도 아니다

자기 마음대로 할 수 없는 것에 스트레스를 받아 봐야
결국 나만 손해다.
본인 마음대로 할 수 있는 일이 세상에 몇이나 되던가?
화가 나거나 울컥할 만한 일들도 시선을 달리 바라보면
별것 아닌 것들이 많다.
제삼자가 바라보았을 때 별것 아닌 감정 때문에
자신을 불구덩이로 내던지지 마라.
감정의 늪에 빠져 허우적거릴 필요 없다.
다양한 시련과 고통의 바람이 당신에게 불어와
차갑고 거세게 느껴질 수 있지만,
그 바람에 너무 오랫동안 흔들리지 마라.
어차피 강산과 세상은
그대로를 유지하고 있으니 말이다.
명심하라.
당신을 가장 아프게 만드는 것은 당신의 생각이다.
그리고 당신을 치유할 수 있는 것도 당신의 생각이다.

패왕의 바이블

감정을 활용할 것

내가 싫어하는 사람에 대해서 욕한다거나 미워해 봤자
그 사람은 당신의 생각을 읽을 수 없을뿐더러
당신의 감정이 100% 전달되는 것도 아니다.
오히려 나만 감정을 낭비하게 된다.
감정도 에너지이기 때문에
감정 낭비는 곧 에너지 낭비인 것이다.
누군가를 계속 미워해 봤자 결국 나만 힘들게 되는 법.
그럼에도 불구하고 정말 증오하는 대상이 있다면
오히려 당신에게 이점으로 활용해라.
너보다 성공하겠다는 경쟁심,
힘들 때도 악착같이 버틸 수 있는 인내심,
싸워서 반드시 이기리라는 호승심.
복수심이 때로는 특효약이 되기도 한다.
미운 감정을 자신만의 보약이 되게 하라.
그 감정을 활용하여 자신이 승리자가 되어라.

누군가 구해 줄 것으로 생각하지 마라

누군가가 도와줄 거로 생각하지 말고,
스스로 극복하고 헤쳐 나가야 한다.
힘들 때는 가끔 누군가에게 기대어도 괜찮다.
인간은 필연적으로 서로 도우며 살아가는 존재들이니까.
하지만 본인의 심연 깊은 곳에서의 상처와 고통은
스스로 극복해야 한다.
다른 이의 의지와 도움으로 고통에서 해방되더라도
본인 스스로 고통을 감내하거나 이겨 낼 수 없다면
또다시 깊은 어둠 속으로 본인을 끌고 갈 것이다.
그 어둠에 자신을 가두는 것도 본인,
어둠에서 나오는 것도 본인임을 명심해라.

패왕의 바이블

압도적인 힘으로

누군가를 복수하고 싶다면 압도적인 힘을 길러라.
여기서 말하는 압도적인 힘이란
단순한 싸움 실력 같은 무력만을 상징하는 게 아니다.
심력, 지력, 권력, 재력, 세력, 영향력, 학력 등등
내면의 힘과 생각의 힘을 비롯한
인간으로서 가지는 힘에 관련된 모든 능력을 뜻한다.
당신의 힘을 세상에 증명하는 순간,
복수 대상자도 곧 깨닫게 될 것이다.
자신은 더 이상 상대도 되지 않는다는 것을….
세상을 움직이는 힘을 갖추고 모두가 당신을 존경함과
동시에 우러러보게끔 성장하라. 그리고 강력한 힘을
기르게 해 준 복수 대상에게 고마워하라.
지금 당장은 복수 대상자만 생각하면 피가 거꾸로 솟고
해코지를 하고 싶거나 죽여 버리고 싶기도 하겠지만,
힘을 기를 때까지 인내하고 또 인내하라.
그때 당시 당신은 그 사람 때문에 지옥 같은 나날을
보냈지만 그 괴로움과 고통은 당신이 강해질 수 있었던,
어쩌면 강해져야만 했던 기폭제가 되어 주었을 것이다.
현재는 그 사람보다 당신이 훨씬 우위에 서 있다는 것을
보여 주어라.

과거의 불행은 현재를 더 돋보이게 하는 장식일 뿐

사람들은 당신이 과거에 어떠한 불운을 겪었는지
관심을 가지지 않는다. 오로지 현재 어떠한 행보를 걷고
있는가에 관심을 가질 뿐이다.
과거에 집착한 사람은 다른 누구도 아닌 스스로임을
명심하라.
과거에 가난하고 불행했던 사람이 아픔을 딛고 성장하여
꿈에 그리던 삶을 산다면
사람들은 찬사와 존경을 표할 것이다.
하지만 누구보다 풍족하고 부유했던 사람이 현재는
시궁창과 같은 삶을 살아간다면 사람들은 그 사람을
비난할 것이다.
누구보다 많은 걸 가졌으면서
스스로를 돌보지 않았으니 말이다.
그러니 과거의 불행은 현재의 당신을
더욱더 돋보이게 만들어 주는 장식에 불과한 것이다.
과거의 작은 사건들이 하나하나 모여서
현재의 자신이 만들어진다고 한다.
그러니 과거를 부정하지도 말고, 숨기려 하지도 말고,
후회하지도 마라. 오히려 그 불행한 과거를 딛고
일어선다면 박수받아야 마땅한 것이다.

패왕의 바이블

굴욕과 치욕을 견디는 힘

'과하지욕'이라는 고사성어를 아는가?
한신은 어느 불량배의 가랑이를 기어가는 굴욕을
당한 적이 있었다.
가랑이 사이를 기어갈 때 모든 사람은 겁쟁이라고
비웃었고 그때 당시 한신은 매우 화가 났지만, '네깟
놈들의 쓸데없는 용기는 상대할 가치조차 없다.'라고
여기며 굴욕을 참았다.
그 불량배를 죽여 버릴 수 있는 힘이 있었는데도 말이다.
그리고 먼 훗날 초왕의 자리에 등극하였을 때,
한신은 신하들에게 이렇게 얘기했다고 한다.
"그때 모욕을 견디지 못하고 불량배를 죽여
버렸더라면 죄인 신분으로 쫓겨 다녔을 텐데
치욕을 참아 결국 이 자리까지 오르게 된 것이다."
삼국지의 주인공으로 우리에게 잘 알려진 유비도
비록 황실의 후손이지만 고작 돗자리나 짚신 따위를 팔며
목숨을 연명한다고 온갖 치욕을 받았다.
특히 18로 제후들 앞에서 본인을 소개할 때는 자리에
참석한 제후들로부터 시정잡배라며 비웃음과 모욕을
당했지만 유비는 훗날 촉한의 황제 자리까지 올랐다.
마음속에 큰 뜻을 품은 자는

굴욕과 치욕을 견디는 내성이 강해야 한다.

누구라고 굴욕을 겪지 않은 사람이 없겠는가?

이 책을 쓰고 있는 나도 과거에 셀 수도 없는 굴욕을

겪었고, 앞으로도 겪을 것이다.

이 책을 보고 있는 독자들도 마찬가지일 것이다.

굴욕적인 삶은 남들에게 비웃음을 살지 모른다.

하지만, 굴욕을 딛고 이겨 내는 것은

사람들로부터 박수갈채를 받을 만하다.

치욕은 참으면 되는 것이지만,

결과는 역사가 증명할 것이다.

패왕의 바이블

상처는 강하다는 것을 증명한다

상처 입는 것을 두려워하지 마라.
상처는 고통과 투쟁의 상징이다.
전장을 누비는 장수의 칼자국 흉터는 몸에 새겨진
훈장이고 명성이 높은 자가 받는 비난은 명망과 야망의
수치를 나타내며 소방관의 화상자국은 생명을 구한
횟수를 증명하고 세계적 축구선수의 못생긴 발은 노력과
영광을 의미하고 출산한 여성 배의 흉터와 튼 살은
위대함을 나타낸다.
보이지 않는 상처든, 외관상의 흉터든 부끄러이 여겨야
할 게 아니라 오히려 투쟁의 선봉장으로 자랑스럽게
여겨야 한다.
당신이 팔이 하나가 없든 다리가 하나가 없든 허리가
굽었든 눈이 보이지 않든 얼굴에 흉터가 있든 여러 가지
제약이 따르고 사회적 시선이 곱지 않은데도 불구하고
이 힘든 세상 속에서 남들보다 상대적으로 높은 난이도를
가지며 포기하지 않고 세상을 헤쳐 나가는 것 자체가
당신이 다른 이들보다 강하다는 걸 증명하는 거다.
상처와 흉터 그리고 장애는
먼 훗날 당신을 더욱 강하게 만들고
빛나게 만들어 줄 것이다.

화 속에 복이 있고 복 속에 화가 있다

노자의 도덕경에는 이런 구절이 있다.

'화에는 복이 기대고 있고, 복에는 화가 엎드려 있다.'

세상의 이치라는 것이 복만 누리고 화는 멀리하는 것이

어렵다는 뜻이다.

항상 복 속에는 숨어 있는 화가 도사리고 있으니

복을 누리면서도 항상 화를 예견해 조심해야 할 것이다.

그리고 반대로 화를 당한 상황에서도

복은 그 주변에 머물러 있기 마련이니

화 속에 숨겨진 복을 찾아 기쁨을 누리면

당신은 앞으로 승승장구 성장할 것이다.

화를 당했다면 '화복의복'을 꼭 기억하고

주변에 숨어 있는 '교훈'이라는 복을 꼭 찾아라.

패왕의 바이블

과거가 미친 듯이 후회될 때

살다 보면 컴퓨터의 전원을 껐다 켜듯
인생을 다시 시작하고 싶을 때가 있다.
게임 속의 캐릭터가 마음에 안 들면 캐릭터를
삭제했다가 새로운 캐릭터를 형성할 수 있다.
캐릭터의 외모가 마음에 들지 않거나
별명이 마음에 들지 않거나
기술이나 직업이 마음에 들지 않아서
캐릭터를 삭제한다.
하지만 현실은 그렇지 못하다.
나의 외모가 부족해도, 가난해도, 무능력해도,
키가 작아도, 잘못된 선택을 해도 '나'라는 존재를
삭제할 수 없다.
과거의 행동이 미친 듯이 후회될 때는
보통 마음이 가장 힘들 때 찾아온다.
현재의 삶이 만족스럽지 않거나 내 삶이 지금이
최선이라는 것을 인정하고 싶지 않을 때 말이다.
결국 후회는 인생에서 함께 가고 싶지 않아도
함께 걸어갈 수밖에 없는 그런 감정일 것이다.
그리하여 당신에게 딱 한 가지 질문을 하고자 한다.
'후회를 통해 당신은 어떻게 변하였는가?'

그렇게 후회했으면서 당신은 전혀 변하지 않았는가?

아니면 뼈저린 아픔을 느끼고 변하여 더욱더

단단해졌는가?

후회가 없었더라면 과연 성장할 수 있었을까?

앞으로 후회하지 않기 위해서, 더 현명한 판단을

하기 위해서 스스로 단단해지지 않았나?

당신이 변하지 않았다면 더 후회해도 괜찮다.

하지만 과거와는 달리 변했다면

이제 그만 후회라는 감정을 놓아주어야 한다.

'과거'의 나는 이미 존재하지 않는 것이고

존재하는 것은 '현재'의 나이다.

'현재'의 내가 나의 진짜 모습이다.

그러니 부디 현재를 살아가야 한다.

과거와 현재가 싸우면 미래가 도망간다.

현재 최선을 다하고, 현재에 집중하면 그뿐이다.

패왕의 바이블

인생이란 나 자신을 찾아가는 여정이다

많은 경험은 진정한 나를 찾게 해 주는 거름이자
기반이 된다.
그때 여행을 다니면서 글을 쓰지 않았더라면
펜을 들기나 했을까?
그때 서울로 상경하지 않았더라면
당신을 만났을 수 있었을까?
우연히 책에서 본 감동적인 글귀가
나의 가치관을 형성하고
우연히 먹어 보았던 음식이 나의 최애가 되고
우연히 겪어 보았던 활동이 나의 취미가 될 줄은
아무도 몰랐을 것이다.
'나'라는 자아는 우연히 겪게 되는 사건들로 인해
완성도가 높아지는 것이다.
"그때 그 선택만 하지 않았더라면…" 같은 소리는
전혀 의미가 없는 것이다.
우리는 항상 좋은 선택만 할 수도 없고
최악보다는 차악을, 차악보다는 차선을 도모하면서
살아가기 때문이다.
그때 그 선택이 있었기 때문에 지금 당신의 인생이
완성된 것이다.

그러니 과거의 선택에 대해 후회하지 말고,

부정하지 마라.

그때 당신이 다른 선택을 하였다면

당신은 이 책을 보고 있는 것이 아니라

교통사고로 이미 이 세상 사람이 아닐 수도

있을 것이다.

그러니 과거의 선택을 부정하는 것은

아무 의미 없는 행동이란 말이다.

과거의 선택을 부정하지 말고, 현재를 가꾸어라.

그리고 자기 자신을 찾아가는 여정에 심혈을 기울여라.

결국 자기가 선택했던 인생만이

진정한 자기 인생임을 잊지 마라.

패왕의 바이블

그들의 영향에서 벗어나라

그들이 당신의 인생을 좌지우지하지 못하게 하라.
당신 내면에 자리 잡고 있는 그들의 영향을 지워라.
당신이 행하고자 하는 일이 자신의 자유의지인가?
아니면 그들의 영향 때문인가?
당신은 그것을 왜 하려고 하는가?
그들에게 잘 보이기 위해
그들에게 복수하기 위해
그들에게 자랑하기 위해
자신의 인생을 억지로 개조하려고 하지 마라.
그들로 하여금 자신의 인생을 내던지는 것은
굉장히 무모하고 멍청한 행동이다.
우리는 매 순간 최선을 선택해야만 한다.
진정한 자신의 인생을 살아가려면
타인의 영향에서 벗어나야 한다.

인생에서 후회되는 10년과 소중한 10년

지난 10년 동안의 과거가 후회된다면

10년이라는 세월은 낭비한 인생이 된다.

하지만 지난 10년 동안의 삶을 기꺼이 수용한다면

지난 10년이라는 세월은 내 인생에 아주 중요한

조각이 된다.

이미 일어난 일은 어떻게 변화시키지 못하는 법,

변화할 수 있는 것은 현재를 살아가는

나의 마음가짐뿐이다.

내가 내 인생을 어떻게 설계하며

후회 없이 살아갈 수 있는가?

그건 지극히 마음가짐의 문제이다.

지난 10년을 낭비한 인생으로 만들 것인가?

아니면 내 인생에서 다시는 오지 않을

소중한 10년으로 만들 것이냐?

모든 건 당신의 몫이다.

잃어도 잃은 것이 아니다

가진 것을 잃어도 괘념치 마라.

인간은 누구나 태어나면서 아무것도 없이 태어났다.

내가 가진 것을 잃으면

단지 태어났을 때로 돌아간 것뿐이다.

가진 걸 잃은 게 아니라 원래대로 돌아왔을 뿐이다.

원래 아무것도 없었던 시절인 아기 때로 말이다.

그래도 지금이 그때보다 훨씬 낫다.

경험이 있고, 실패를 겪었고, 배운 게 있으니까

게임을 다시 시작하듯

그냥 그렇게 다시 시작하면 된다.

당연한 것들의 소중함

"인간은 악마고 세상은 지옥인데
힘든 게 당연하지.
'왜 힘들지?' 같은 건 없어.
한 끼도 굶지 않는다면 식사의 감사함을 모른다.
인간의 악함을 인정해야 귀인에게 감사할 수 있다.
세상이 고통으로 가득 찬 세계임을 인정하면
평온한 일상에 감사하다."
인터넷에서 유명하고 널리 퍼져 있는 글귀이다.
우리 주변에 항상 존재하는 것에는
고마움과 감사함을 느끼지 못한다.
부모님의 사랑, 풍족한 식사, 평화로운 삶 등등
당연하다고 느끼는 것들은 어쩌면 당연한 것이 아니다.
당연하다고 생각되는 것들이
당연하다고 느껴지지 않게 되는 순간
비로소 세상이 다르게 보일 것이다.
현재의 삶이 감사할 만큼 말이다.

노력에 비해 성과가 없을 때

정말 최선의 노력을 했는지 다시 되돌아보아라.

성과가 나지 않았을 때 자신의 노력이 부족한 것이

아닌가 돌아볼 필요가 있다.

하지만 살아가다 보면 노력했는데도 불구하고

하늘의 뜻으로 성과나 결과가 좋지 못할 때도 많다.

그럴 때는 자기 자신을 원망하지 말라.

노력한다는 것은 하늘이 보고 땅이 듣는 것이다.

노력이란 심지어 자기 자신에게도 성의를 보이는 것이

필요한 법이니, 다른 사람은 몰라도 자기 자신은

잘 알고 있지 않은가?

결과가 증명하는 세상이라지만

그 과정을 무시하는 사람은 없는 법.

결과는 하늘에 맡길 뿐,

후회가 없을 만큼 최선의 노력을 했다면 그걸로 족하다.

자신의 의지와 무관한 것에 신경 쓰지 마라

내가 어쩌지 못하는 것에 대해서 마음을 쓰는 것이

가장 미련하고 이득이 없는 행위이다.

화살이 활시위를 떠났는데 내가 어찌해야 할까?

그저 하늘에게 결과를 맡길 뿐

최선을 다했으면 그걸로 족하다.

다만, 본인이 결과에 만족할 만한 기분을 느끼려면

사소한 부분에도 최선을 다해야 한다.

최선을 다한다는 것은 좋은 결과를 가져올 뿐만 아니라

나 자신에게도 최고의 성의를 보였다는 것을 뜻한다.

그러니 당신이 최선을 다했다면,

당신의 의지로 어쩌지 못하는 것에는

미련을 버려야 한다.

패왕의 바이블

아직 당신의 시기가 아니다

모든 사람은 각자 다른 때와 시기가 있다.
지금 시궁창과 같은 인생을 보낸다고 앞으로 계속
그럴 것이라는 보장이 없다.
지금은 절망스럽고 힘든 시간을 보내고 있을지언정
그 시기가 언제 올지는 아무도 모른다.
심지어 자신마저 말이다.
하지만 시기는 그냥 찾아오지 않는다.
힘들어도 묵묵히 견디며 정진하는 자만이
시기를 맞볼 수 있고,
지금 당장 아무것도 아닌 일처럼 보여도
꾸준히 하다 보면 결국 진가가 드러날 것이다.
지금은 당신의 시기가 아닐 뿐이다.

누구나 가슴 아픈 과거는 존재한다

전쟁을 겪었거나 가정폭력을 당했거나
가족 중 누군가 살해를 당했거나
사고를 당해 눈이 실명되고, 다리 한쪽을 잃어버렸다거나
타인에게 강간을 당했다거나
학창 시절 학교폭력을 당했다거나
병원 수술 시 약물부작용으로 하반신 마비가 되었다거나
억울하게 옥살이하다가 20년 만에 무죄를 선고받고
간신히 풀려난다거나
각자 크고 작은 아픔을 가슴에 묻은 채 살아가고 있다.
다만 그 고통의 크기는 수치화할 수 없기에
서로가 얼마나 고통스러운지 잘 모를 뿐이다.
하지만 분명한 사실은
당신만 고통을 겪는 것이 아니라는 것이다.
누구나 가슴 아픈 과거는 존재하고
누구에게도 알리고 싶지 않은 자신만의 약점이 존재한다.
과거의 고통은 지우는 것이 아니라
가슴에 묻어 두는 것이다.
당신이 그 고통스러운 과거에서 비로소 자유로워지는
순간 지금까지 느껴 본 적 없는 환희와
깨달음을 얻게 될 것이다.

패왕의 바이블

인생은 테트리스다

인터넷에서 우연히 본 글인데 나는 이 글을 참 좋아한다.
'인생은 테트리스다. 블록 하나 잘못 쌓았다고
그것만 바라보고 후회할 수 없다.
왜냐하면 블록이 계속 내려오기 때문이다.
내려오는 블록을 제대로 쌓는 것이 더 중요하다.
이미 잘못 쌓은 블록은 어쩔 수 없어.'
이 책에서 과거에 대한 후회, 반성, 그리움과 교훈을
담은 내용을 많이 다루고 있지만
'인생은 테트리스다.'라는 말이 내 마음에 가장 와닿는
글귀가 되었다.
후회하는 것 자체가 무의미한데 후회를 왜 하는 것인가?
"과거의 행동이 너무 후회되어서 안 되겠어.
과거로 돌아가서 바로 잡을래."
과거로 돌아가서 행동을 바로잡을 수 있다면
후회해도 되지만, 과거로 돌아가는 것 자체가 안 되는데
후회하는 게 무슨 소용인가? 안 그런가?
후회한다고 해서 과거의 행동을 바꿀 수는 없다.
후회감이 밀려오더라도 과거로 돌아갈 수 없음을
인정하고 재빨리 털고 일어서야 한다.
이미 지나간 것에 대해 후회해 봤자,

후회하고 있는 시간이 아까울 뿐이다.

과거는 되돌릴 수 없으므로….

그러니 다음 블록을 제대로 쌓기 위해

오늘도 열심히 앞을 향해 정진해야 한다.

패왕의 바이블

진짜로 강하다는 것은…

과거의 상처를 딛고 일어서려는 사람은 잘 알고
있을 것이다.
자기를 괴롭히는 것은 그 누구보다 본인인 것을…
항상 되새겨라.
'과거의 고통을 겪었지만, 패배자처럼 방구석에
찌그러져서 쥐 죽은 듯 살아가지 않아.
오히려 난 더 강해졌어. 정신적으로나 육체적으로나
모든 면에서 말이야.'
불행한 과거를 딛고 일어서는 것 자체가
강하다는 증거다.
나약한 것들은 과거의 고통과 실패의 여파로
자신과의 싸움에서 패배하여 방구석에 숨어서
나오지 않으니까 말이다.
실패는 두렵지 않다. 절망이 두려울 뿐이다.
절망감에 무릎 꿇지 마라.
굴욕과 상처를 딛고 일어선다는 것 자체만으로
당신은 스스로 생각하는 것보다 충분히 강하다.

꿈을 향해 한 걸음씩···

돌이켜보면 우리는 괴로울 때 성장했고
편할 때는 퇴보했다.
그러니 큰 목표를 세워 고통의 길로 들어서라.
실패하더라도 그 과정에서 놀라운 것들을 이루어
낼 수 있다.
아주 천천히 나아가도 괜찮으니, 뒤로만 가지 마라.
꿈을 꿈인 채로 놔두지 마라.
적어도 꿈에는 손 닿아 보고 죽어야 하지 않겠는가.

패왕의 바이블

인생은 독수리처럼

독수리를 공격하는 새는 까마귀가 유일하다.

까마귀가 독수리의 등에 올라타 뒷덜미를 공격하지만,

독수리는 반응하지 않는다.

그냥 하늘 높이 올라갈 뿐이다.

얼핏 보면 까마귀가 따라오는 것처럼 보이지만,

고도가 높아지면 높아질수록 산소가 부족하게 되고

까마귀는 더 이상 버티지 못하고 추락하게 된다.

독수리에게서 배워야 한다.

까마귀와 싸우는 것에 시간을 낭비하는 대신

높이높이 날아올라라.

편해서 그래

화는 습관이라고 한다.

습관이란 내 몸이 쉽고 편안하면 나온다.

그래서 우리가 화를 내는 대상을 보면 주로 가족이다.

본인 입장에서 제일 만만하고 편한 존재이며

내가 화를 내도 내 인생에 별다른 지장이 없을 것

같아서다.

아예 처음 본 사람이 아닌 이상

몇 번의 안면을 튼 불편한 사람에게는 화를 내지 않는다.

당신을 좋아해 주는 사람에게 잘 대해 주어야 한다.

남보다 더 친절하게 대해야 하고,

화를 내더라도 매너 있게 내는 것이 중요하다.

당신이 그 사람을 편하다고 느낄수록

더욱더 잃으면 안 되는 사람이니까 말이다.

패왕의 바이블

야망을 품은 사람은 이렇게 생각한다

비난과 욕은 언제든지 환영한다.

그 비난들로 인해 나의 명성은 더 올라갈 것이고

그 명성을 이용하여 나의 꿈을 이룰 거니까.

명망이 높다 보면 비방을 들을 때가 많다.

그건 나와 생각이 다른 사람들의

또 다른 '의견'일 뿐이다.

비난과 질책을 두려워하지 마라.

어차피 그들이 할 줄 아는 거라곤

욕하고 침 뱉는 거밖에 없으니 말이다.

총과 칼로 인해 사람이 죽을 수는 있어도

욕을 많이 먹는다고 사람이 죽지는 않는다.

사람들이 뭐라고 떠들건 말건 나는 여전히 나일 뿐이고,

사람들의 시선과 생각 따위는 신경 쓰지 않는다.

주변 사람들의 시선이 두려울 땐

항상 위의 글귀를 떠올려라.

육신은 썩어도 정신은 계승된다

호랑이는 죽어서 가죽을 남기고 사람은 죽어서
이름을 남긴다.
세계적으로 명망이 높고 역사에 이름을 남긴 자들이
자신을 남기기 위해 자서전을 쓴 것처럼
사람의 육신은 수명이 다하면 사라지지만,
그 사람이 남긴 정신과 사상은 죽지 않는다.
'어떤 일을 하고 싶은지 모르겠다면
나중에 추억할 만한 일을 해라.'라고
명언을 남긴 엘비스 프레슬리는 자신의 신념에 따라
그를 기억하는 대중들에게 노래를 남겨 추억이 되었다.
여행 가서 그 순간을 영원히 기억하기 위해
'남는 것은 사진밖에 없어.'라는 말을 되새기며 열심히
셔터를 눌러 대는 것은 우리 모두 아름다운 것을
기억하고 싶기 때문이다.
당신 인생이 아름답지 않더라도 당신의 존재를 세상에
남기는 것은 한 사람의 인생에서 매우 영광스러운
일이다.
문명의 발전을 위해 정신적 유산을 후대에 남겨 주는
것이 선대의 역할이다.
당신 삶의 발자취가 아무것도 남지 않는다면 당신이

패왕의 바이블

무언가를 이루기 위해 투쟁하고 쟁취하려 했다는 것을
무엇으로 증명할 것인가?
사람들에게 꼭 기억되고 싶다면 당신의 정신이 계승될
만한 무언가를 남겨야 한다.
후대가 당신의 사상이나 목표를 전승할 수 있게끔 글을
글을 써서 기록하고, 추억하라. 문명 발전에 이바지하라.
역사에 이름을 남기지 않아도 좋지만,
자기 삶에 대해서는 꼭 무언가를 남겨야 한다.

상상력은 우리를 비겁하게 만든다

"있잖아, 사람은 말이야. 상상력이 있어서
비겁해지는 거래. 그러니까 상상을 하지 말아 봐.
X나 용감해질 수 있어."
영화 '올드보이'에서 나오는 명대사다.
'올드보이'를 아주 감명 깊게 봤지만 수많은 대사 중
가장 기억에 남는 대사는 위의 대사이다.
위의 대사를 들은 오대수는 자신이
처한 위기 상황에서 갑자기 웃기 시작한다.
미친 사람처럼, 마치 자신에게 어떤 일이 벌어질지
상상하지 않기 위해 발악하는 듯한 모습처럼 보였다.
사람들은 무엇을 이루기 위해 마음을 먹지만
그것을 실제 행동으로 옮기는 사람은 매우 드물다.
행동으로 옮길 때의 여러 가지 부정적인 생각들이
마음속을 덮치기 때문이다.
'실패하면 어쩌지?'
'사람들이 비웃을 거야.'
'그냥 이대로 살아가는 것도 괜찮지 않을까?'
행동으로 옮기기 전에 이미 마음속으로는
'안전 제일주의'를 외치며 자신도 모르게
자기합리화하고 있다.

패왕의 바이블

자신이 예측할 수 있는 부정적인 상황을 끊임없이
상상하면서 스스로를 위축시키고 있는 것이다.

그러니 상투적인 말 같지만 잠시 상상하는 것을 멈추고
실행에 옮겨 보자.

나 또한 이 책을 펴낸 것 자체가
실행으로 옮겼다는 것을 보여 주고 있다.

사람들이 나의 책을 보고 비웃거나 손가락질해도
상관없다.

나는 그런 상상을 하지 않고서 이 책을 쓰기 시작했다.

그런 상상을 해 봤자 손해 보는 것은 결국
나니까 말이다.

"심신일여"

몸이 힘들어도 마음을 통제하고 내면을 다스리면
몸을 회복할 수 있다.
그러니 아무리 육신이 힘들고 무너져도
마음과 정신까지 굴복당하지 마라.
사람은 어쩔 수 없이 육체가 피곤하고 힘들면
마음도 함께 힘들게 되어 있다.
반대로 정신이 피폐해지고 마음이 지치면
육체도 휴식을 취하고 싶어 한다.
몸과 마음은 연결되어 있으니,
몸이 힘들면 마음도 힘든 게 당연지사.
마음의 병이 몸의 병으로 나타나는 것도
이런 이유 때문일 것이다.
하지만 몸과 마음을 연결하는 연결고리에
제어를 걸어야 한다.
사람의 의지대로라면 몸이 힘들어도
마음이 힘들게 내버려두어선 안 된다.
지금 당신이 몸이 힘든 것인지,
마음이 힘든 것인지 잘 판단하라.
내면을 다스리지 못하면 육체가 정신을 지배할 것이고
내면을 다스린다면 정신이 육체를 지배할 수 있다.

패왕의 바이블

우리 모두 리더이다

우리는 리더라고 하면 회장이나 대표, 수장과 같은
높은 직급의 사람들을 떠올리기 마련이다.
지도자가 영어로 '리더'니까 어쩌면 당연한 말이다.
직장에서 리더는 따로 존재하지만,
내 인생의 리더는 나 자신이다.
직장에서는 리더가 길을 제시해 주고 이끌어 줄 수
있지만, 내 인생에서는 내가 나를 직접 이끌어
가야 한다.
리더는 특별히 누군가 역할을 정해 주는 것이 아니다.
이미 우리들의 삶을 통해 리더로서의 본질을
깨우칠 수 있다.
자기 삶의 주인공은 바로 자신이다.
나의 삶에서만큼은 내가 주인공이고 다른 사람은 전부
엑스트라일 뿐이다. 사회적 리더가 선봉자가 되어
여러분들을 이끌어 줄지는 모르겠으나
여러분 인생에서만큼은 스스로 리더답게 좀 더
진취적이고, 모험적이며 능동적으로 삶을 가꾸어 나갈 수
있어야 한다.
당신을 올바르고 현명한 길로 이끌어 가는 것은 그
누구도 아닌, 당신 자신이라는 점을 꼭 상기해야 한다.

명예로운 죽음은 없는 법

저항하며 발버둥 쳐라.

현실에 안주하지 말고, 자기 자신에게 혁명을 일으켜라.

무언가 이루고 싶고 변하고 싶다면 추태를 보이더라도

끈질기게 물고 늘어지는 근성이 있어야 한다.

사람들의 비웃음을 살지라도

겸허히 죽음을 맞이하는 것보다

어떻게든 살아남으면 꿈을 이룰 수 있으니까.

꿈이라는 것도 살아남아야 이룰 수 있는 것이기에

살아남는 자가 최후의 승자가 될 것이다.

패왕의 바이블

고통과 투쟁

인생이란 고통과 투쟁의 연속이다.

투쟁이 없는 편안한 삶을 살기 원한다면

부와 명성, 권력을 바라지 마라.

무언가와 싸우기 싫으면서 위의 것들을 바란다면

염치가 없는 것이다.

부를 원하든 권력을 원하든 명예를 원하든

원하는 것을 얻기 위해서는 반드시 투쟁심과 호승심을

갖춰야 한다.

투쟁하는 삶

당신은 살면서 무언가를 위해 투쟁해 본 적이 있는가?

누군가를 위해 혹은 자신의 목적을 달성하기 위해

세상을 변화시키기 위해

가족을 지키기 위해

다양한 이유로 우리는 투쟁 속에 살아간다.

삶의 큰 가치는 투쟁심에서 발현된다.

싸우는 것을 두려워하지 마라.

폭력을 행사하라는 것이 아니라

당신의 인생에서 큰 가치를 발견할 때까지

목표와 당신을 방해하는 적들과 싸우는 것을

두려워하지 마라.

패왕의 바이블

좌절하고 절망해라

좌절감에 절망하여 무릎 꿇지 마라.

극복할 수 있는 용기와 지략, 능력을 키워야 한다.

그 능력은 손쉽게 단번에 키워지지 않는다.

경험에 의해 키울 수 있으므로

좌절감을 두려워해선 안 된다.

계속해서 좌절하고 절망해라.

다음에 좌절감이 당신을 괴롭힐 때

당신은 웃을 수 있을 테니까.

좌절을 통해 일어서는 법을 배우고

일어서는 법을 익히면 능력이 발휘된다.

모든 능력은 거저 주어지지 않는다.

진정한 능력이란 절망과 좌절,

슬픔과 분노를 통해 만들어진다.

온실 속 화초보단 잡초가 되어야 한다

온실 속 화초보단 화단의 잡초가 더 질긴 법이다.
온실 속 화초는 그 어떤 꽃보다 우아하고 때깔이 좋지만,
야외에 일주일만 내놓아도 금세 시들거나 죽어 버린다.
하지만 평생을 야외에서 살아온 잡초는
모진 바람과 거친 태풍, 폭염의 날씨에도 끈질기게
살아남아 더욱더 질긴 고래 심줄 같은 생명력을
자랑한다.
평생을 온실 속 화초로 살고 싶겠지만,
현실은 그렇지 못하다.
온실 속 화초는 사회에서는 살아남지 못하고
도태되기 마련이다.
혹독한 사회에서 살아남으려면
온실 속 화초가 아닌 야외의 잡초가 되어야 한다.
잡초가 그러하듯 당신에게 시련과 고난, 역경이
닥칠수록 그것들을 이겨 낸다면 장담컨대 당신은
더욱더 강해질 것이다.

패왕의 바이블

지금 당장 움직여라

지금 당장 해야 할 일이 있지만 몸이 움직이지
않는다면 다음의 명언이 도움이 될 수 있다.

"누군가 해야 할 일이면 내가 하고
내가 할 일이면 최선을 다하고
어차피 해야 할 일이면 즐겁게 하고
언젠가 해야 할 일이면 지금 바로 하라."

– 앤드류 매튜스

언젠가 해야 할 일이지만 계속 미루면 미룰수록
결심이 서는 것은 훨씬 더 어려운 일이다.
지금 당장 한다면 별일 아니지만,
나중에는 큰일이 될 수도 있기 때문이다.

야망을 품어라

무언가를 끊임없이 도모하며 살 수 있다면
당신이 아직 살아 있다는 증거이다.
현실에 안주하지 말고, 끊임없이 이상을 위해
힘껏 달려라.
당신 인생의 개척자이자 건국자로서
자신이 꿀 수 있는 최대한의 꿈을 꾸어라.
꿈이 깨지더라도 그 조각이 크다.
태어난 걸 후회하는 순간이 올지라도
삶을 부정하지 마라. 이왕 태어났다면
자신의 이름이 역사에 새겨질 순간을 고대하라.

당신만의 신념을 가져라

관자놀이에 총구가 겨눠지더라도
목에 칼이 들어와도
죽음을 불사할 정도의 강한 신념은
자신감과 자긍심, 투지와 강인함을 보여 준다.
신념이 강한 사람은 자신만의 확고한 사상과 철학이
있으며 신념을 지키기 위해 자신의 모든 것을 내던질
준비가 되어 있는 사람이다.
결국 그 신념으로 인해 목숨을 잃을지언정 후회를
남기지 않는다.
목숨을 부지하기 위해 신념을 버리는 것쯤은
아무것도 아니다.
하지만 그 신념을 저버렸다는 죄책감이
자신의 인생에서 평생 꼬리표처럼 달고 다니며
자신을 괴롭힐 것이다.
군인은 명령에 복종하고 목숨을 희생해서라도
나라를 지키겠다는 신념이 있어야 하고
소방관은 한 생명을 구하기 위해
자신의 목숨마저도 내던질 수 있는 신념이 있어야 하며
파이터는 링 위에 올라선 순간
링 위에서 싸우다 죽을 것이라는 신념이 있어야 한다.

그 정도의 신념을 가지지 못한다면 승리를 거둘 수 없다.

신념이란 곧 자신이 가진 정신의 결정체이기에

본인의 신념을 굳게 믿고 흔들리지 않게 살아가야 한다.

패왕의 바이블

그냥 버티는 것이 아니라 잘 버텨야 한다

우리는 무언가를 이루기 위해 인내와 끈기를 가지고
목표에 도달할 때까지 버티는 힘을 키워야 한다.
하지만 그냥 버텨서 되는 것이 아니라 잘 버텨야 한다.
목적 없이 그냥 버티기만 하는 것은 틀린 것이다.
그냥 버티는 것은 오히려 심신을 지치게 할 뿐이다.
버티는 이유를 알고 있어야 끝까지 갈 수 있다.
그냥 참기만 하면 의미가 없는 것이다.
버티는 과정에서도
왜 버텨야 하는 건지?
나는 필요한 역량을 키우고 있는지?
나는 점점 더 강해지고 있는 것인지?
버텨서 무엇을 얻을 수 있는 것인지?
스스로에게 끊임없이 질문하고 해답을 찾아야 한다.
단순히 견디고 버티는 것이 아니라 버티는 과정에서
단단해지고 강해져야 한다.
스스로에게 질문해 보아라.
당신은 지금 어쩔 수 없이 그냥 버티고 있는 것인가?
아니면 버티면서 변화하며 성장하고 있는 것인가?

이면에 존재하는 보이지 않는 진리들

새로운 걸 배울 때면 마치 바보가 된 것 같다.

사실 더 똑똑해지고 있는 건데

두려움을 마주 보고 있을 때면 겁쟁이가 된 것 같다.

사실 더 용감해지고 있는 건데

실패를 겪을 때마다 패배자가 된 것 같다.

사실 성공에 더 가까워지고 있는 건데

걱정과 고민이 많을 때면 누구보다 불행한 것 같다.

사실 더 행복해지려고 하는 건데

고통을 겪을 때면 한없이 약한 존재가 된 것 같다.

사실 더 강해지고 있는 건데

당신 스스로 한계를 정하지 마라.

겉으로 드러나지 않는 진리를 바라볼 수 있어야 한다.

어려움과 불안함을 겪을수록

점점 더 강해지고 있다는 것을 명심해라.

패왕의 바이블

진정한 가치는 꽃이 아니라 열매다

꽃이 떨어졌다고 해서 나무는 죽지 않는다.
오히려 열매를 맺어 나무는 더욱더 풍성해지고
생기를 갖는다.
사람도 마찬가지다.
사람의 자존심은 나무의 꽃과 같다.
자존심이 바닥에 떨어졌다고, 자신의 아름다운 가치가
땅으로 곤두박질쳤다고 해서 죽을 것이 아니라
열매가 열리기를 기다려야 한다.
열매가 열리기 위해선 꽃은 반드시 떨어진다.
당신이 지금 지키고자 하는 건 꽃과 같다.
그러나 꽃보다 더욱더 내실 있고
큰 가치를 지닌 열매가 반드시 열릴 것이다.

당신은 얼마나 강해질 수 있는가?

인생이란 원래 고난과 고통의 연속이거늘….
지금 당신이 어떠한 문제로 고통받고 있어서
충분히 괴롭겠지만 더 큰 고통이
당신에게 찾아올 수도 있다.
인생에서의 불행과 고난은 상황 봐 가면서
찾아오지 않으니까 말이다.
하지만 어린애도 아니고 징징거린다고 해서
누군가 구해 주기라도 하는 것인가?
고통과 괴로움에 절망하고 쓰러진다면
당신의 그릇은 딱 거기까지인 것이다.
강해지는 것은 정말이지 어렵다.
하지만 그 어떤 고통이라도 묵묵히 이겨 낸다면
자신도 모르게 저절로 강해진 모습을 볼 수 있을 것이다.
당신을 무너뜨릴 수 있는 많은 고통스러운 일들이
결국 당신을 무너뜨리지 못했기 때문에
당신은 앞으로 더 강해질 수 있는 것이다.

패왕의 바이블

3장

정신단련

화를 다스리는 법

상대에게 쉽게 화를 보이지 마라.
'이 사람은 이 정도 일로 화를 내는구나.
생각보다 그릇이 작네.'
화도 약점이 될 수 있다.
화가 많은 사람은 주변 사람을 떠나게 만들지만,
떠나는 것도 모자라 약점을 들키기도 한다.
그렇다면 모든 상황에서 화를 참아야 할까?
화를 내야 할 상황에서는 내야 한다.
화를 참으면 병이 되니까 말이다.
하지만, 화를 내더라도 약점을 들키지 않고
슬기롭게 내는 법을 배워야 한다.
첫째, 자신이 화가 났다는 것을 인지하기
둘째, 화가 난 장소에서 멀리 떨어져서 상황을 관찰하기
셋째, 자신이 왜 화가 났는지 논리적으로 파헤치기
위의 세 가지만 지켜도 다음 날 땅을 치고 후회할 만한
행동을 피할 수 있을 것이다.
결국 뭐 어쩌겠나? 이미 사건은 과거의 지나간 일이고
그 여파로 화가 마음속에 자리를 잡았을 뿐,
화를 계속 붙잡고 있다고 해도
그 사건을 돌이킬 수 있는 것은 아니다.

거짓 감정에 속지 말 것

자신이 어떤 행동과 습관에 행복을 느끼는지
스스로 깨닫는 것은 매우 중요하다.
무엇이 당신의 마음에 평안을 가져다주며
행복을 느끼게 해 주는가?
'따뜻한 물로 반신욕 하기'
'단골 빵집의 초콜릿케이크 먹기'
'글쓰기'
'등산하기'
'부모님과 식사하기' 등등
당신의 체내에서 기분 좋은 호르몬이 분비되고 있다는
것이 느껴질 만큼의 활동들은 당신의 거짓 감정에서
당신을 꺼내 줄 것이다.
우리는 때로 자신이 만들어 놓은 익숙한 환경에 속아
지루하고 똑같은 일상이 반복될 때
자신이 불행하다고 느끼거나 쓸모없는 존재라는
생각이 들기도 한다.
그러면서 오늘은 우울하다는 이유로 혹은 무기력하다는
이유로 스스로에게 자신이 불행한 이유에 대해 타당성을
주입하며 하루를 망쳐 버린다.
부정적인 감정은 긍정적인 감정보다 우리의 생각과

신체에 더 **빠르게** 스며든다.

좋았던 기억은 금세 잊어버리지만 불행하고 슬픈 기억은

오랜 시간 나를 괴롭히는 것처럼 말이다.

그러니 당신이 거짓 감정에 속아 하루를 망쳐 버리기

전에 당신을 지배하고 있는 감정에 환기를

해 주어야 한다.

거짓 감정에 속지 말고, 진정한 자신을 되찾을 수 있는

즐거운 활동을 해라.

위에서 언급한 대로 체내에 기분 좋은 호르몬이

분비되는 자신만의 활동을 통해 거짓 감정을

극복해야 한다.

시간이 지나면 느낄 것이다.

거짓 감정이 당신을 괴롭히고 있었다는 것을….

그리고 거짓 감정을 극복하는 것도

별것 아니라는 사실을….

내면을 슬기롭게 다스리는 효과적인 기술

당신이 길을 걷다가 우연히 새똥에 맞았다든가,

운전하던 도중 접촉 사고를 당했다.

분노와 함께 거북한 감정이 마음을 지배한다.

그렇다면 시간을 돌려 보자.

불과 5분 전에는 어땠는가?

5분 후에 어떤 일이 벌어질지 예상은 못 하고 있으나

내 마음은 어느 때보다 평화롭고 잔잔하다.

하지만 평화로운 내면에 어떠한 사건이 발생하니

평화의 침묵을 깨 버린 것이다.

내 마음을 5분 전으로 되돌릴 수는 없을까?

조금 전까지 나의 마음은 평안하고 고요했으나

왜 나는 이런 사건들로 인해 마음이 어지러워야 하나?

이 의문을 해결할 방법은 3단계로 나눌 수 있다.

첫 번째 단계는 나의 힘으로 해결이 가능한 것인가?

불가능한 것인가? '판단하는 과정'이다.

나의 힘으로 해결이 가능하다면 문제 될 것이 없고,

나의 힘으로 해결이 불가능하다면 굳이

애쓸 필요 없는 것이다.

두 번째 단계는 판단이 끝난 뒤 '수용하는 과정'이다.

나의 힘으로 해결이 가능하다면 원인을 찾아 분석하여

다음에 이런 일이 발생하지 않도록 원인을 제거하거나
주의가 필요한 것이고, 나의 힘으로 해결이 안 된다면
내 마음을 다스리는 데에만 중점을 두어야 한다.
마지막인 세 번째 단계는 '마음을 다스리는 과정'이다.
우리의 마음은 항상 평화로울 수만은 없다.
그렇다면 어떤 것들이 내면의 평화를 무너뜨리고
고요함을 방해하는가?
우리의 내면에 평화가 깨지는 일은
두 가지로 분류를 할 수 있다.

1. 자신이 예측할 수 있는 범위 내에서
   이루어지는 일
2. 자신이 전혀 예측하지 못한 상황이 벌어지는 일

크게 두 가지로 분류하였으나
다른 상황인 이 두 가지마저 공통점이 있다.
바로 내 뜻과는 반대로 이루어진다는 것이다.
내가 예측할 수 있었든, 할 수 없었든 간에
내 뜻과는 반대로 평화가 깨지기 마련이다.
내면의 평화를 위해 마음을 다스리는 기법으로
몇 가지를 소개하고자 한다.

1. 그나마 다행인 이유를 찾기
2. 명상을 통해 호흡을 안정화하고
   호흡에 집중하기
3. 내면이 더 강해질 수 있다는 명분으로 삼기
4. 인생은 계획대로 흘러가지 않는다는 것을
   인지하기
5. 불행이란 내가 겪고 싶지 않다고 해서
   안 겪을 수는 없는 법

사건 발생 5분 전에는 한 치 앞을 모른 채
당신 마음은 평화로웠다.
하지만, 5분 후 내면의 평화를 깨뜨릴 사건이 벌어졌다.
타임머신이 존재한다면 사건 발생 5분 전으로
시간을 돌리고 싶겠지만, 우리에게는 타임머신이 없다.
상황은 이미 벌어졌고 5분 전 평온한 상황으로
돌아갈 수도 없다.
하지만 내면을 잘 다스린다면 5분 전 평온한 마음으로
돌아갈 수 있다는 것을 항상 명심하라.

머리가 아닌 가슴으로 느껴야 한다

내 입장만 고려하였을 때는 화가 났지만
상대방의 입장을 고려하였을 때 '그럴 수도 있겠다.'
싶었다.
역지사지라는 사자성어는 모두가 뜻을 알고 있을 정도로
매우 유명하다.
상대방의 입장에서 한 번쯤 생각을 해 본다면
'나의 언행이 잘못되지는 않았을까.' 되돌아보게 된다.
우리는 모두 각자 다른 생각과 사상을 가지고
사회에 섞여서 살아가는 존재임으로 상호 간의
언쟁이나 입장 차이가 당연히 생길 수밖에 없다.
작게는 개개인부터 크게는 정치나 국가 간의 입장에서도
서로 다른 사상과 의견 때문에 전쟁을 치르곤 한다.
특히나 자기 생각밖에 모르는 자기중심적인 태도는
모든 분쟁이나 갈등의 주요 원인이 되고 있다.
그러므로 역지사지를 통해 상대방의 입장을 고려하여
대화를 나누면 상호 간의 합의점을 찾거나 적어도
감정적으로 치닫는 상황까지는 막을 수 있다.
그런데 진심으로 상대방을 이해하고 입장을 헤아리는
것은 이성적으로 판단할 때 힘들 수 있다.

패왕의 바이블

상대방의 입장에서 진심으로 이해하기 위해서는 머리로
이해하는 것이 아니라 가슴으로 느껴야 한다.
생각만으로 상대방의 입장을 바라보는 것이 아닌
상대방의 감정과 느낌, 기분을 그대로 느낄 수 있어야
비로소 역지사지를 제대로 실현할 수 있다는 말이다.
상대방과의 언쟁이 있을 때 내가 상대방의 입장이
되었다고 생각하고, 그 당시의 상황을 처음부터 끝까지
그대로 느껴 보길 바란다.
필요하다면 메모를 통해 어떤 부분에서 감정이
격해지고, 나의 어떤 말에 상대방 반응이 격해졌는지
등을 기록하면서 상대방의 감정을 고스란히 느껴 본다.
한 번 만에 상대방을 이해하기 힘들지라도 상대방을
가슴으로 이해하는 훈련이 꾸준히 된다면
당신의 분노와 노여움을 가라앉히는 데
큰 도움이 될 것이다.

간섭과 조언의 차이

누군가가 자꾸만 눈에 거슬리는 행동을 하길래

그러지 말아 달라고 간섭하고 싶었다.

하지만 상대방은 자기만의 방식이 좋다고 말했다.

그 순간 나는 깨달을 수 있었다.

'상대방에게 행동에 대한 제약을 걸고

행동을 변화하길 바라는 것은 나의 욕심이구나….'

대신 내 생각과 마음가짐을 변화하면 된다.

그건 상대방의 행동에 제약을 거는 행위도 아니고

오로지 나 스스로 행할 수 있는 것이기 때문이다.

법륜스님이 말씀하셨다.

'간섭과 조언의 차이가 무엇인가?'에 대한 질문에

"상대방이 내 말을 안 들어서 괴로우면 간섭,

괴롭지 않으면 조언"이라고 말이다.

상대방을 위해서 해 주고 싶은 조언이었지만,

상대방은 그게 불편할 수도 있을 것이다.

불편하다고 생각하니 나의 조언을 들으려 하지 않는다.

그걸 바라보고 있는 나의 마음은

'왜 내 말대로 하지 않는 것인가?' 의문을 품으며

속으로 괴로울 것이다.

상대방의 행동에 타인인 내가 제약을 걸려고 해선

안 된다.

그건 상대방의 자유를 침해하고 억압하는 행위이기

때문이다.

그래서 우리는 상대방에게 간섭이 아닌 조언을

해 주기 위해 어떻게 해야 할까?

'상대방에게 행동 개선을 요구하기 전,

내가 할 수 있는 최선은 무엇인가?'

'상대방을 변화시키려 하지 말고,

나의 마음가짐을 변화시키자.'

위의 두 가지만 명심한다면

적어도 상대방을 변화시키지는 못하더라도

나의 마음이 괴로운 일은 없을 것이다.

고통 일기를 써라

고통은 자랑이다.

나는 고통을 겪을 때마다 고통 일기를 작성한다.

과거의 부끄럽고 창피한 경험부터

억울했던 경험, 우울하거나 불안한 기억,

슬프거나 분노했던 경험,

죽고 싶을 만큼 고통스러웠던 다양한 경험을 기록한다.

그뿐만 아니라 슬기롭고 현명하게 대처하는 방법을

마지막에 꼭 기록한다.

고통 일기의 내용이 추가되고 분량이 많아질수록

자긍심과 자부심이 상승한다.

'이러한 고통을 겪었지만 난 죽지 않고 살아 있다.

오히려 난 더 강해졌다.

마음의 고통을 이겨 내지 못한 약해빠진 것들은

이미 스스로 목숨을 끊었다.

살아가면서 이 정도의 고통은 끊임없이 날 괴롭혀 왔다.

하지만, 이 정도의 고통은 끄떡없다. 나는 굴하지 않는다.

인생을 살아가면서 다양한 고통을 겪어야

비로소 강자가 될 수 있다.'라고 스스로 되새기며

고통 일기의 페이지가 늘어날수록

나만의 훈장으로 여긴다.

나는 고통스러운 상황이 생길 때,

나는 더 강해진다는 사실을 굳게 믿고 있다.

'이 상황이 내 마음에 고통을 안겨 주네? 잘됐다.

나는 이 고통을 견뎌 내면 더 강한 사람이 될 수 있어.'

라고 생각하면서 말이다.

나만의 고통 일기를 세상에 알리고 싶을 만큼

매우 자랑스럽지만, 지극히 사생활 보호 차원에서

밝히지는 않겠다.

나만의 고통 일기는 앞으로도 내용이 계속

추가될 것이다.

그리고 나의 내면이 더 강해진다는 것 또한

명백한 사실이다.

고통스러운 상황이 생길 때마다 고통 일기를 작성하라.

그리고 고통 일기는 그 무엇과도 바꿀 수 없는

당신의 강함의 상징이자 자랑거리가 될 것이다.

집착하지 마라

고통을 극복하는 강인한 마음은
고통에 대한 집착을 떨쳐 냈을 때 비로소 가능하다.
고통을 계속 손에 붙잡고 있는데 고통을 이겨 내는 것이
가능하기는 한 것일까?
손에서 고통을 내던져라. 고통을 움켜쥐고 있을수록
손이 저리고 머리가 아파 오기 시작한다.
후회와 죄책감을 동반한 채 말이다.
그러니 고통의 집착을 떨쳐 내고 그대로 내버려둬라.
집착하게 되는 순간 끊임없이 그 문제에 대해 생각하게
되고 결국 생각의 고리는 틀림없이 부정적인 생각을
불러오게 된다.
반대로 '나는 고통스럽지 않다.'고 생각하는 것조차
고통을 내 손에 쥐고 있는 것과 마찬가지니
고통을 속이지 말고 그냥 받아들여라.
고통을 극복하는 강인한 마음가짐의 핵심은
고통스럽다는 것을 인정하고 수용하는 태도이다.
그다음에는 고통을 과장하지 않고 있는 그대로
받아들이는 것, 무엇보다 고통을 통해 배우고 성장하여
더 이상 집착하지 않는 것이
고통을 가장 빠르게 벗어나는 길이다.

패왕의 바이블

진짜 긍정과 가짜 긍정

가짜 긍정에 속지 마라.

무조건적인 긍정은 긍정이 아니다.

미 해군 장교인 '제임스 본드 스톡데일'은

베트남 전쟁에서 무려 8년이나 포로 생활을 했다고 한다.

사람들은 열악한 환경 속에서

어떻게 8년 동안 견딜 수 있었냐고 물어보았다.

"긍정적으로 생각했던 사람들은 모두 죽었다."

그의 대답은 상당한 충격이었다.

'크리스마스가 지나면 우리는 석방될 거야.'

'괜찮아. 앞으로는 계속 좋은 일만 벌어질 거야.'

막연히 희망을 품고 긍정적으로 생각하던 사람들은

기대를 품고, 그 기대에 어긋나는 순간 실망을 하게 되며

기대와 실망이 계속 반복되니 사람들은 앓기 시작했고

병들어 죽었다는 것이었다.

물론 포로 생활의 환경이 열악한 이유도

배제할 순 없겠지만 근거 없는 무조건적인 긍정은

진짜 긍정이 아니라는 것이다.

반면에 포로가 됐다는 사실에 수긍하고

자기가 처한 현실을 인정하면서 이렇게 될 수밖에

없었다는 사실을 그대로 받아들인 사람들은

살아남았다는 것이다.

앞으로 오랫동안 이곳을 벗어나지 못할 테니,

현실을 직시하며 틈틈이 운동이라도 한 사람들이

살아남았다는 것이다.

긍정이란 무조건 좋게만 바라보는 것이 아니라

지금의 문제를 인정하고 수용하면서

내가 지금 당장 할 수 있는 것을 하는 것이

진짜 긍정이다.

패왕의 바이블

감정을 지배하는 나만의 주문 만들기

부정적인 생각에 빠져들면 빠져들수록
헤어 나오기 어렵다.
부정적인 생각이 들 때 늪에 빠지기 전에
초반에 처리하는 것이 가장 현명하다.
원인을 분석하고, 해결책을 모색하고
해결이 가능한 일인가, 불가능한 일인가로
나누어 생각한다.
해결이 불가능하다면
부정적인 감정을 손에 쥐고 있어 봐야 소용이 없고
해결이 가능하다면
해결책을 실행으로 옮기면 되니 부정적인 생각을
떨쳐 내야 한다.
부정적인 생각이 들 때 자신만의 주문을 외워 두면
효과적이다.
실제로 부정적 감정을 떨쳐 버리기 위해
종교계나 정신건강의학과에서 환자들에게
치료하는 방법 중 하나이다.
이때 단순히 주문을 외우는 게 아니라
주문이 가진 의미와 주문에 대한 정신 집중의 효과
덕분에 주문을 반복하면 마음이 평온해진다는 것이다.

주문을 외우는 방법은 사람마다 다르겠지만,

자신만의 효과적인 주문을 구상해 낸다면

부정적인 생각이 들 때 효과적으로 본래의 감정으로

돌아올 수 있다.

분노는 판단력을 흐리게 할 뿐

분노라는 감정은 인간뿐만 아니라 동물이라면
누구나 가지고 있는 부정적인 정서 상태이다.
그 누구도 분노라는 감정을 피할 수는 없다.
이 세상은 다양한 사람들이 함께 어울려 살아가는
공동체 집단이므로 '분노를 어떻게 다스릴 것인지'
사람마다 차이가 있다.
그렇다면 분노를 꼭 다스려야 할까?
그냥 표출하면 안 되는 것일까?
분노를 느끼더라도 직접적으로 부정적인 감정을
드러내면서 분노를 표출하게 되어 버린다면
다음 날 땅을 치고 크게 후회할지도 모른다.
물론 잠깐은 후련하겠지만 말이다.
분노를 느끼자마자 즉시 표출하는 것은
대인관계 측면에서 전략적으로나 정서적으로나
좋은 방법은 아니다.
분노의 해소 수단으로 물건을 부수거나
샌드백을 때리는 경우도 있지만
심리학에서는 그리 추천하지 않는다고 한다.
폭력에 대한 성격이 습관화될 가능성이
상당히 높아지기 때문이다.

그래서 분노를 지혜롭게 해결하고 싶다면

분노를 표출하는 방식보다는

내면을 다스리는 방식을 선택해야 한다.

'인지적 재평가'와 '문제 중심적 대처' 같은

방식으로 말이다.

내가 어떤 부분에서 분노를 느꼈고

분노를 느낀 부분에 대해서 어떻게 해결해야 하는지

그리고 누구나 겪을 수 있는 일인지

아니면 자신이 잘못해서 일어난 일인지

냉정하고 객관적으로 바라볼 줄 알아야 한다는 말이다.

내가 잘못해서 일어난 일이라면 교훈을 깨닫고

다시는 그런 일이 일어나지 않도록

노력하면 되는 것이다.

물론 행동 변화가 쉽지는 않으니

꾸준히 노력해야 할 것이다.

특히 최선의 선택과 올바른 결정을 내려야 하는 리더의

자리에 있는 사람이라면 더욱더 분노를 잘 다스릴 줄

알아야 한다.

분노로 인해 이성을 잃고 나의 잘못된 판단으로

조직원 전체를 궁지로 몰아넣을 수 있기 때문이다.

본인이 리더가 아니라고 해도 마찬가지다.

결국 직위와 계급과는 상관없이

우리는 누구나 '내 삶의 리더'이기 때문이다.

우리는 분노뿐만 아니라 부정적인 감정이 밀려와도 냉철하고 평정심을 유지할 수 있는 정신력을 갖추어야 한다.

분노에 눈이 멀어 좋은 기회가 와도 기회를 볼 수가 없는데 무슨 소용인가.

분노가 지나치게 되면 결국 자신이 다치게 된다.

결국 내면을 '다스리는 자'와 '다스리지 못하는 자'는 삶의 격차가 벌어질 수밖에 없다.

두려움을 극복한다는 것

우리는 왜 공포와 두려움을 느낄까?

공포와 두려움을 느끼는 것이 필연적이라면

공포와 두려움을 극복하기 위해선

어떤 마음가짐을 지녀야 하며

효과적인 방법들은 어떤 것들이 있을까?

이번 파트는 이 책에서도 가장 독보적으로

장문의 내용이 될 것이다.

당신이 무언가에 대해 강력하게 두려움을 느끼고 있다면,

무언가를 시작도 하기 전에 지레 겁부터 먹고 있기

때문에 내면은 불안함과 공포감으로 가득 차 있는

상태일 것이다.

특히 본인이 예전에 실패했던, 좌절을 맛보았던

기억이라면 더욱더 말이다.

그냥 아무 생각 없이 행동으로 옮기면 되는데

이미 겁을 먹은 상태이기 때문에

행동으로 옮기는 것은 큰 각오를 필요로 한다.

한 가지 사례를 들어 보겠다.

어느 한 사람은 어릴 적 바다에 빠져 죽을 뻔한

트라우마를 가지고 있는데 그 이후 물공포증에 걸려

바다만 바라봐도 무섭고 수영장 물에 몸을 담그는 것도

무서워서 잠깐만 물속에 들어가도 물 밖으로 나오려고
발버둥 친다고 한다.

트라우마를 극복하기 위해 수영을 배워 보겠다고
호기롭게 결심했지만 막상 수영장에 도착하니
호흡이 가빠지고 몸이 땀에 젖어 물에 젖은 것인지
공포감에 땀을 흘리는 것인지 구별이 안 된다고 했다.

트라우마 때문에 이 사람의 뇌는 엄청난 공포감을
느끼게 되고 편도체와 해마에 영향을 주어 극도의
긴장 상태가 유발된다.

그렇기 때문에 심장박동이 빨라지고
식은땀이 나며 호흡이 가빠지는 것이다.

수영을 배우기도 전에 본인에게 트라우마를 선사해 준
'물'이라는 존재에 지레 겁을 먹은 상태인데,

이 두려움을 어떻게 극복할 수 있을까?

트라우마를 극복하기란 쉽지 않다.

너무 많은 생각을 하게 되면 겁이 난다.

생각을 단순화하고 그냥 실행에 옮길 수 있어야 한다.

'물이 무섭다.', '나는 곧 죽을 거야.'라는 생각을 버리고
'이까짓 물 내가 하루에 2리터도 넘게 마시는 건데 뭘.'
'다리가 바닥에 닿네? 그럼 죽고 싶어도 못 죽겠다.'
라는 유연한 태도가 중요하다.

그래서 두려움을 극복하기 위해

실제로 내가 활용했던 방법들을 소개하고자 한다.

1) 원인 분석하기

당신이 사람인 이상 어떠한 물체나 생물에게

두려운 감정을 느끼는 건 당연할 것이다.

두려움이라는 감정은 지극히 동물이라면

느낄 수 있는 감정이기에 두려움이 없는 사람은 없다.

하지만 그 두려움을 극복하는 것도

본인 자신임을 잊지 말아야 한다.

두려움을 극복하든가, 두려움에 잡아먹히든가

모든 건 본인의 마음가짐에 달려 있다.

그래서 두려움을 극복하기 위해서는

첫 번째로 내가 두려워하는 대상에 대해

왜 두려워하고 있는 것인지 원인부터 파악하여야 한다.

거미를 두려워하는 사람이 있다고 치자.

이 사람은 거미를 두려워하여

거미를 직접 쳐다보는 것만으로도 무서워한다.

그렇다면 거미가 왜 무섭고 두려운 존재인지

원인부터 파악해야 한다.

'거미가 도대체 왜 무서운지?'

'어릴 적 거미가 코나 입으로 들어간 기억이라도 있는지?'

혹은 '거미에게 물리면 큰 병이 생길까 봐 무서운 건지?'

다양한 관점에서 원인을 분석할 수 있어야 한다.

원인을 분석해야 결과를 추론해 낼 수 있고,

두려움이라는 감정을 극복해 낼 수 있다.

그리고 앞에서도 언급한 내용이지만 원인을 분석하는

과정에서 생각을 유연화하는 연습이 필요하다.

사실을 있는 그대로 바라보는 것이다.

'거미보다 내 덩치가 훨씬 크다. 두려워하지 않아도 돼.'

'지난번에 요리하다가 칼에 찔렸는데 엄청 아팠어. 하지만

거미한테 물려 봤자 칼에 찔리는 것보다 덜 아플 거야.'

등등 두려움을 극복할 수 있는 유연한 사고력은 필수다.

두려움을 느낄 때 크게 2가지의 부류가 있는데

첫 번째는 내가 겪어 보지 못한 경험에서의 두려움이

있고 두 번째는 과거에는 두렵지 않았지만,

트라우마에 의해 두려움이 느껴지는 경우이다.

보통 첫 번째보다는 두 번째가 훨씬 극복하기 어려운데

그 이유는 바로 트라우마 때문이다.

트라우마를 극복할 때도 원인을 분석하는 것이

중요한 과정 중 하나이다.

2) 부정적인 생각의 집착을 끊기

부정적 생각이 어쩔 수 없이 머릿속에 떠오를 것이다.

여기서 중요한 점은 부정적인 생각에 '집착'하는 것을

멈춰야 한다는 것이다.

부정적 생각에 집착하게 되면 생각은 꼬리에 꼬리를 물고

공포감은 더욱더 커지게 된다.

'집착을 멈춘다.'는 것은

공황장애를 호소하고 있는 환자들에게도 아주 유용하다.

공황장애나 불안장애를 가진 사람들도

공황 증상의 원인을 알든 모르든

어떠한 '두려움'과 '죽을 것 같은 공포'에

맞서는 사람들이기 때문이다.

정신건강의학과의 몇몇 의사들은

'내가 곧 죽을지도 모른다는 공포감'

즉, 공황 증상이 나타나면 그라운딩 기술을

활용하라고 조언한다.

그라운딩 기술이란 현재 내가 느끼고 있는 '공포와

두려움'의 감정에 대해 집착을 버리고 온전히 눈앞에

보이는 물건 세 가지, 들리는 소리 세 가지, 느껴지는

촉감 세 가지에 집중하여 두려움에 대한 감정을

잠재우는 기술이다.

부정적 감정에 동화되지 않고

집착을 끊어 낼 수 있는 기술인 셈이다.

처음에는 적응이 안 되고 힘들 수 있으나

지속적인 연습을 통해 적응한다면

두려운 감정을 잠재울 수 있을 것이다.

3) 명상하기

앞의 글과 이어지는 내용이지만
명상하는 것도 크게 도움이 된다.
명상이야말로 부정적인 집착을 끊어 낼 수 있는
좋은 방법이기 때문이다.
두려움에 사로잡히면 심장박동이 빨라지고
호흡이 가빠지기 시작한다.
그럴 때는 침착하자고 머릿속으로 생각을 되뇌어도
쉽게 잘되지 않는다.
그럴 때는 호흡법을 강제로 통제함으로써
호흡이라도 정상화하려 노력해야 한다.
그러면 심장박동 수도 일정하게 유지가 되며,
머리는 침착함과 평정심을 되찾게 된다.
그러니 명상을 통해 호흡을 길게 들이쉬고 길게 내쉬며
두려움의 감정을 벗어나야 한다.

4) 성급하지 말 것 그리고 침착할 것

두려움을 단 한 번에 극복하겠다는 생각도
위험할 수 있다.
차근차근 단계별로 두려움을 정복해도 늦지 않다.

아니, 그래야만 부작용 없이 트라우마를 극복할 수 있기
때문이다.

체중감량을 위해 다이어트를 할 때도,

마음에 드는 이성과 성공적인 교제를 할 때도,

나의 분야에서 성공을 향한 여정을 떠날 때도,

무엇이든지 간에 급하게 이루겠다는 생각은

위험할 수 있다.

그리고 동요하지 말고, 침착하게 생각해야 한다.

두려움을 극복하는 데 있어 마음이 불안정하고

내면이 요동친다면 두려움을 더 크게 느끼게 된다.

두려움에 맞서기 전 마음을 가다듬는 게

중요한 이유이다.

항상 "침착하자. 이 정도 따위 별것 아니다."라고

마음속으로 되새겨야 한다.

5) 뇌를 속이는 방법

그리고 또 다른 방법으로 뇌를 속이는 방법이 있다.

인간의 뇌는 신기하다.

사람이 망각의 동물이라고 불리는 데 이유가 있다.

여기 재밌는 실험을 가져와 봤다.

독일의 심리학자 헤르만 에빙하우스는 '망각곡선'이라고

불리는 이론을 남겼다.

패왕의 바이블

사람은 20분 후면 기억한 내용의 42%를 망각하고,

1시간 후엔 56%를, 1일 후엔 74%를,

일주일 후엔 77%를, 한 달 후엔 79%의 내용을

망각한다고 한다.

그렇다면 나에게 두려움을 심어 주는 트라우마를

망각하는 건 어떨까?

그게 가능할까? 믿을 수 없겠지만 가능하다.

두려운 기억을 더 이상 두렵지 않다고 느끼게끔

만드는 기술을 통해 말이다.

자신이 두려움에 근접할 때 자신에게 기쁨이 되는

보상 체계를 확실하게 선사하라.

두려움에 맞설 때마다 자신에게 충분한 보상을 지급하면

뇌는 두려움을 부정적으로 바라보지 않고

긍정적으로 바라보게 될 것이다.

행동과 생각을 교정하기 위해선

스스로에게 고통을 심어 주어야 하고

두려움과 공포를 극복하기 위해선

스스로에게 보상을 확실하게 선사해야 한다.

보상은 그 어떠한 것도 괜찮다.

이러한 방법은 두려운 감정을 느낄 때마다

뇌에서는 기분 좋은 호르몬을 분비하게 하여

두려운 감정 자체를 망각하게 하는 기술이다.

물론 처음부터 잘되지는 않을 것이다.

망각이라는 것은 사람의 의지대로

쉽게 될 수는 없기 때문이다.

하지만 두려울 때마다 자신에게 꾸준히 보상을 지급하고

두려움에 기쁨을 연결하면

두려운 감정은 자연스레 옅어지게 될 것이다.

6) 두려운 환경에 나를 노출하기

예전에 인터넷을 통해 한 영상을 본 적이 있다.

남아프리카공화국의 크루거 국립공원에서

개코원숭이들이 무리를 형성해서 길을 건너고 있을 때,

표범 한 마리가 사냥하기 위해 무리를 습격했다.

개코원숭이 무리는 혼비백산하여 도망을 갔지만

우두머리 개코원숭이는 표범을 향해 돌진하여

무리를 지키려 하였다.

결국 우두머리 개코원숭이를 선두로

다른 원숭이들도 가세하여 표범을 물리쳤다.

개코원숭이뿐만 아니라

다른 동물들도 우두머리 격의 알파메일들은

두려운 환경에서도 자기를 희생하더라도

두려움에 맞선다.

그리고 그 두려움에 대항할 수 있었던 건 수많은

경험 때문이다.

마인드 컨트롤만으로는 부족하다.

두려움을 이겨 내려면 많은 경험이 필요하다.

수많은 경험에서 데이터가 축적되고 그러한 데이터를
토대로, 본능으로 느낀다.

'아, 두려워하지 않아도 되는구나.

두려워할 필요가 없었네.'

의지와 다짐만으로는 부족하다.

행동으로 두려움을 이겨 내라.

여러분이 두려움의 대상을 극복하고 더 이상 두려워하지
않는다면 이 세상에 이루지 못할 것이 무엇이 있겠는가.

그렇다면 크나큰 대업을 달성하는 것도 무리는 아니다.

앞으로 가고자 하는 길에는 항상 두려움이 따르기
마련이고, 위의 방법들을 잘 숙지해 두려움을 이겨 내라.

두려움을 이겨 내는 데에는 상당한 고통과 시간이
걸릴 것이다.

하지만 분명한 사실은 당신은 두려움을 극복할 수 있고
그러한 능력을 충분히 키울 수 있다는 것이다.

두려움을 두려움으로 남겨 두지 마라.

그리고 당당히 정상으로 올라가라.

이루고 싶은 게 있다면 체력을 먼저 길러라

드라마 '미생'에는 이런 명대사가 나온다.

"네가 이루고 싶은 게 있다면
체력을 먼저 길러라.
네가 종종 후반에 무너지는 이유,
데미지를 입은 후에 회복이 더딘 이유,
실수한 후 복구가 더딘 이유,
다 체력의 한계 때문이야.
체력이 약하면 빨리 편안함을 찾게 되고
그러면 인내심이 떨어지고
그리고 그 피로감을 견디지 못하면
승부 따위는 상관없는 지경에 이르지.
이기고 싶다면 네 고민을 충분히 견뎌 줄
몸을 먼저 만들어.
정신력은 체력의 보호 없이는 구호밖에 안 돼."

'미생'이라는 드라마를 본 사람들은
모두가 기억할 만한 명대사일 것이다.
강한 정신력은 강한 체력에서 나온다.
체력이 강하지 않으면 고난과 역경 앞에서

패왕의 바이블

쉽게 무릎을 꿇게 되고 용기는 약화된다.

저자 본인의 이야기를 잠깐 하자면

나도 예전에 아파서 오랜 시간 동안 몸져누웠을 때가

있었는데 몸이 아파서 힘든 것보다 마음이 아픈 게

더 힘들었다.

몸이 약해지니 정신까지 멍하고 탁해지며

마음에는 부정적인 생각들로 채워지기 시작했다.

몸이 건강할 때는 자신감이 넘쳐서

무엇이든 가능할 것만 같았던 일들이

몸이 병들었을 때는 마음과 정신에도 타격을 입었는지

가능해 보였던 일들이 점점 불가능해 보였다.

용기를 잃고 좌절감에 빠진 것이다.

'이 고통은 영원하지 않다.'는 걸 알고 있으면서도

부정적 생각에서 쉽게 빠져나오기 힘들었다.

결국 긍정적인 생각과 함께 체력을 키워서 건강을

회복했지만, 다시는 아팠던 과거로 돌아가고 싶지 않다.

'몸이 병들면 마음도 병든다.'는 말은 사실이다.

다시 한 번 더 언급하지만, 무언가를 이루고 싶은 게

있다면 체력을 먼저 길러야 한다. 건강하지 않으면

아무 소용이 없다. 건강은 인간의 존엄성을 보존하게

하며, 꿈꿀 수 있게 만드는 가장 중요한 기반이다.

스트레스의 플라시보 효과

스트레스와 관련된 실험과 연구 중에
'스트레스를 어떻게 받아들이느냐'에 따라
정신뿐만 아니라 신체까지도 변화될 수 있음을
증명하는 연구들이 상당히 많이 있다.
스트레스에 관련된 수많은 연구 중
가장 인상 깊었던 연구를 하나 가져와 봤다.
스트레스를 가장 많이 받는 직군으로 알려진 CEO들을
대상으로 평소 스트레스에 대해 어떻게 생각하는지
물었다.
스트레스는 무조건 나쁜 것이며
나를 병들게 하는 것이라고 믿었던 부정적 그룹과
스트레스는 나를 성장시키는 동력이라 생각하고
스트레스는 좋은 것이라고 믿는 긍정적 그룹,
총 두 개의 그룹으로 나누었다.
이 두 개의 그룹을 십 년이 넘는 기간 동안 관찰했는데
두 그룹 중 어느 그룹이 평균수명이 길었을까?
부정적 그룹의 평균수명이 긍정적 그룹의 평균수명보다
더 짧을뿐더러 스트레스를 받을 때 나오는 혈관의
코르티솔 때문에 심혈관계 질환도 더 높은 것으로
나타났다.

물론 실험이 공정하지 않고 형평성에 어긋난다는 것은
자명한 사실이다.

하지만 스트레스를 받을 때 동일하게 분비되는
코르티솔을 긍정적 그룹에서는 현명하게 관리를
할 수 있었다.

스트레스를 받는 상황이어도 이 스트레스가 나를
성장시키게 하는 동력이라고 생각한다면
코르티솔의 분비를 억제할 뿐만 아니라 자기 신체를
더 강화할지도 모른다.

스트레스를 받고 있다면 스트레스를 받는 상황을
외면하고 질책해야 할 것이 아니라 그것을 부정적으로
바라보고 있는 자신을 질책해야 할 것이다.

당신은 그 스트레스를 이겨 낼 수 있고 분명 더 좋은
방향으로 성장할 수 있는데 그 '좋은 스트레스'를 왜
나쁘게만 바라보는가?

스트레스는 자신을 성장시킨다.

사람에게만 해당하는 내용이 아니라 다른 동물들에게도
해당하는 말이다.

과거 북유럽의 어부들이 청어를 포획해서 육지로
이동하고 있었다.

그런데 이동하는 도중에 항상 청어들이 죽어 버리게 되자
한 가지 방법을 고안해 낸다.

바로 수조 안에 메기를 한 마리 넣는 것이다.

청어들은 메기의 습격을 피하고자 수조 안에서 이리저리 움직이느라 바빴고, 청어들이 싱싱한 상태로 육지까지 배송되어 어부들은 기뻐했다.

청어들에게 메기 한 마리는 상상을 초월할 정도의 스트레스였을 것이다.

하지만 그 스트레스가 결국 청어 자신들을 살리고 있던 것이다.

마지막으로 이솝우화의 이야기를 하나 할까 한다.

어느 숲속에 어미 원숭이가 두 마리의 새끼 원숭이를 키우며 살아가고 있었다.

그런데 어미 원숭이는 유독 한 마리의 새끼 원숭이만 애지중지하며 늘 품속에 안고 다녔다.

어미 원숭이의 관심을 받지 못한 다른 새끼 원숭이는 늘 혼자서 나무를 타고 다니며 먹이를 찾아다녔다.

그러던 어느 날 이웃 숲의 원숭이 떼가 습격해 왔다.

어미 원숭이는 평소 하던 대로 늘 품에 안고 다니는 한 마리의 새끼만 꼭 끌어안은 채 도망을 다녔고, 나머지 한 마리는 거들떠보지도 않았다.

이웃 원숭이들의 습격이 끝난 뒤 어느 정도 상황이 진정되자 어미 원숭이는 품 안을 확인해 보았는데 애지중지 아끼던 새끼 원숭이가 죽어 있었다.

패왕의 바이블

하지만 홀로 나무를 타고 다니며 먹이를 찾아다니면서
큰 다른 새끼 원숭이는 평소처럼 이리저리 피해 다녀서
살아남을 수 있었다.

어미 품 안에서 스트레스 없이 살던
온실 속의 화초처럼 자란 원숭이는 금방 죽어 버렸고,
잡초처럼 가혹한 환경에서 자라온 원숭이는 살아남았다.

긍정적 생각은 마음가짐을 강화하고
더 나아가 신체마저 변화시킨다.

분명히 얘기하지만, 스트레스는 죄가 없다.
그것은 온전히 받아들이는 사람의 문제인 것이다.

집중하라

두려움을 극복하고 문제를 해결하고 싶다면
공교롭게도 자신이 처한 위험 요소에 대해 집중하는 것이
아니라 두려움을 잊게 만드는 다른 무언가에
집중해야 한다.
인간의 집중력은 상당히 놀라운 잠재 능력을
가지고 있다.
실제 사례를 몇 가지 소개할까 한다.
남베트남의 대통령이 된 응오딘지엠의 지속된
불교 탄압과 부정부패, 국민들을 억압하는 독재 정치가
점점 수위가 높아지자 틱꽝득 스님은 독재에 대항하기
위해 몸에 휘발유를 붓고 소신공양을 감행하였다.
정권에 저항하기 위한 분신자살의 성격이 강하다고
볼 순 있으나 소신공양을 실제로 본 사람들의 말에
의하면 끝까지 가부좌 자세를 풀지 않고 비명조차 지르지
않았다고 전해진다.
이것이 가능했던 이유는 불교 탄압을 억제하고
독재정권에 고통받는 민중을 구원하고자 하는 정신과
마음이 진심을 기반으로 했기 때문이라고
볼 수밖에 없다.
이건 정말 인간의 능력을 초월한 기적 같은 일이다.

패왕의 바이블

인간이 느낄 수 있는 가장 큰 통증은 작열통이라고 한다.

칼에 살짝만 베여도 통증 때문에 비명이 절로 나오는 게

정상적인 사람인데, 온몸에 불이 붙었는데도

신음 한 번 내지 않고, 죽을 때까지 가부좌를

유지했다는 게 얼마나 마법 같은 일인지

직접 보지 않고는 못 믿을 것이다.

물론 여기서 핵심은 틱꽝득 스님이 맨 정신의

정신력만으로 버틴 것이 아니라는 것이다.

휘발유를 몸에 들이붓기 전부터 깊은 명상에 빠져들어

제삼자가 휘발유를 몸에 붓고

불을 붙인 것이기 때문이다.

틱꽝득 스님이 명상에 집중하지 않고

온몸에 붙은 불에 의한 육체적 고통에 집중했다면

3초도 버티기 힘들었을 것이다.

과학적으로 접근해 보자면 사람은 명상이나 최면으로

고통을 인위적으로 컨트롤할 수 있다고 한다.

고통에 집중하지 않고, 다른 것에 집중하는 방식으로

말이다.

2008년 영국의 알렉스 렌케이라는 최면술사는

오른손을 절개하여 뼛조각을 제거하는 수술을 받았는데,

놀랍게도 마취를 전혀 하지 않고

자기최면을 통해 80분이나 걸리는 수술을

고통 없이 받았다고 한다.

현대판 관우가 따로 없다.

관우가 팔에 독화살을 맞아 독을 제거하기 위해

화타에게 뼈를 긁어내는 수술을 받았을 당시

관우는 마취하지 않고 고통을 잊기 위해 바둑에

온 신경을 집중했다.

물론 화타가 관우를 치료했다는 내용은

삼국지연의의 창작이지만 실제 정사의 기록에 따르면

관우가 의사에게 수술을 받았던 당시

태연하게 바둑을 두면서 술을 마시고 고기를 먹었다고

기록되어 있다.

고도로 단련된 집중력을 지닌 정신은 고통을 이겨 내고

두려움을 극복할 수 있는 강한 힘을 지니고 있다.

직면한 문제에 대해 계속 상기하면 할수록 더 불안해지고

두려움을 극복하기 힘들어진다.

공황장애 치료 중 그라운딩 기술이라는 치료가 있다.

그라운딩 기술은 책에서 한 번 언급한 내용이지만,

공황 증세가 시작되면 심장박동이 빨라지고 호흡이

거칠어지며 아무 이유도 없이 갑자기 죽을 것 같은

큰 공포감을 느끼게 된다.

그럴 때 필요한 것이 그라운딩 기술인데,

'공황장애를 이겨 내자. 난 할 수 있어. 견뎌 내.'

하는 것은 전혀 도움이 안 될뿐더러

(물론 평소 상태에서는 마음가짐이 중요하기에

긍정적인 마음이 도움은 되겠지만

공황 증상이 나타날 때는 딱히 도움이 되지 않는다.)

'참자. 참아야 해. 견뎌 내.'라고 생각하는 것은

오히려 공황 증상에 대해 더 깊이 파고들게 하여

증상을 극복하기 힘들 수 있다.

그라운딩 기술은 지금 당장

'눈앞에 보이는 시각적 요소 세 가지'

'귀에 들리는 청각적 요소 세 가지'

'손과 몸에 느껴지는 촉각적 세 가지'

에 대해 집중하여 공황 증상에서 벗어나는 기술이다.

위 기술의 핵심은 공황 증상을 벗어나기 위해 다른 것에

몰두하거나 집중하는 것을 뜻하는데 꼭 위의 3가지가

아닌 집중력이 필요한 분야는 모두 적용 가능하다.

공황 증상이 오면 소리 내서 책을 읽거나 속으로 숫자를

세며 호흡에 집중하거나 체스와 바둑과 같은 집중력을

요구하는 게임을 한다면 도움이 된다는 것이다.

당신에게 두려움을 안겨 주는 존재나 상황에 대해서

벗어나질 못한다면 그 두려움에 대해 집중하지 마라.

집중력을 훈련하는 이유는

'두려움을 극복하기 위함'도 있는 것을 명심하라.

대업은 하루아침에 달성되지 않는다

참고 견뎌 낼 의지력을 길러야 한다.
대업을 이루기 위해 길고 긴 시간을 인내해 온
삼국지의 인물 사마의처럼
대기만성형 인물의 강력한 힘은 바로 의지력이다.
훈련은 1차원적 쾌락을 멀리하는 것에서부터
시작할 수 있다.
단기적인 유혹을 멀리하고 장기적인 계획을 세워라.
일부러 어려운 과제에 도전해야 한다.
도전이 힘들면 힘들수록 그 순간만큼은 의지력을
소모하겠지만, 도전을 해결함으로써 의지력의 총용량은
늘어날 것이다.
수많은 실험과 연구 결과를 통해 체력과 의지력은
비례한다는 것이 증명되었다.
의지력을 키우려면 체력을 키워야 한다.
지금 당장 포기하고 싶다면 포도당을 섭취하라.
세계적으로 유명한 심리학자인 바우마이스터의 실험과
논문으로 입증된 사실에 의하면 의지력의 연료는
포도당이다.
포도당이 고갈되면 사소한 일에도 지치고 힘들게 되며
더 이상 참을 수 없게 된다.

패왕의 바이블

하지만 뇌에 포도당을 공급해 주면
(포도당은 뇌에 직접 유입되지는 않지만,
뇌세포가 우리 몸에 신호를 보내는 데 필요한
신경전달물질로 전환되는 것) 의지력은 되살아난다.
우리가 힘들 때 달콤한 음식을 먹으면 기분이 좋아지고
다시 시작할 용기를 얻을 수 있는 것도 이 때문이다.
음식을 충분히 잘 섭취하고 잠을 충분히 취하는 것도
중요하지만 궁극적으로 중요한 점은
목표는 하나만 정해야 한다는 것이다.
자신이 이루고자 하는 최종 목표를 정하고,
그 목표를 이루기 위한 우선순위를 선정한다.
그리고 아주 작은 단계부터 실천하도록 해야 한다.
로마는 하루아침에 이루어진 것이 아니듯이 지금보다
더 나은 삶을 영위한다면 의지력은 반드시 갖춰야 하는
능력이라고 볼 수 있다.

용기를 키우는 훈련

두려움을 극복하는 용기는
내면에서 어떻게 형성이 되는 것일까?
명백한 사실은 용기도 훈련으로 키울 수 있다는 것이다.
그렇다면 어떤 훈련으로 내면의 용기를 가질 수 있을까?
다이빙을 한 번도 해 보지 않은 사람이 10m 높이에서
다이빙해야 한다면 어떻게 두려움을 극복할 수 있을까?
적진에 홀로 쳐들어가는 장수는 죽음을 두려워하지 않는
용기를 어떻게 발현한 것일까?
두려움을 느끼고 있다는 것을 인정해야
두려움을 다룰 수 있다.
용기란 두려움을 느끼지 않는 것이 아니라
두렵지만 앞으로 나아가는 정신이다.
두려움을 일으키는 원인이 무엇인지 파악하여 메모하라.
그리고 그 두려움에 대해 철저히 분석해라.
두려움을 극복하려면 자신이 통제할 수 있는 선에서
두려움의 대상이 어째서 두려운 것인지
면밀히 조사해야 한다.
무엇보다 가장 중요한 것은
두려운 환경에 나를 노출하는 것이다.
다이빙을 한 번도 안 해 본 사람이 갑자기

10m 높이의 다이빙대에 올라서게 되면
두려움이 너무 앞서기 때문에 뛰어내릴 엄두가
안 날 수 있다.
그러니 높이에 대한 불안함이 크다면 바로 10m 높이로
시작하지 말고, 1m 높이의 스프링보드에서 시작하라.
적진에 홀로 쳐들어가는 장수가 용기를 가질 수 있는
이유는 언제 죽을지도 모르는 두려운 전쟁터에 끊임없이
자신을 노출하고 수많은 전투를 치렀던 경험 때문이다.
경험이 많아질수록 자신감이 상승하게 되고
그 자신감은 용기의 기반이 되어 준다.
진정한 용기를 얻고 싶다면 두려운 환경에 자신을
끊임없이 내던져야 한다.

스트레스를 슬기롭게 관리하는 법

스트레스는 의지력을 고갈시켜
자신의 통제 능력을 빼앗는다.
그러므로 스트레스를 올바르게 관리하는 방법은
의지력을 유지하는 것뿐만 아니라
강하게 키우는 데 있어 중요하다고 할 수 있다.
스트레스를 받는다면 평소보다 많이 먹고 많이 자라.
단순한 해결책으로 보이지만 상당히 효과적인 방법이다.
본인이 어떤 환경과 상황에 취약한 것인지
왜 그걸로 스트레스를 받는 것인지 분석하라.
부정적인 생각들로 인해 스트레스가 발생한다면
부정적인 생각에 맞서라.
부정적인 생각들을 반박하고 잘못된 것임을
입증하는 과정에서 자기 생각을 더욱 객관적으로
들여다볼 수 있다.
그리고 무엇보다 스트레스는 자신을 성장시키는
동력이라는 믿음이 가장 중요하다.
스트레스가 꼭 나쁜 것만은 아니다.
스트레스를 받을 때 우리 몸에서 분비되는
호르몬은 코르티솔이다.
하지만 긍정적 생각으로 인해 코르티솔의 분비량을

패왕의 바이블

감소시킬 수 있고, 성장 동력이라고 생각한다면
오히려 소량의 코르티솔은 우리 신체를 더 강하게
한다는 것은 이미 입증된 사실이다.
스트레스를 어떻게 받아들이느냐에 따라
약이 될 수도 있고, 독이 될 수도 있다.
스트레스만 잘 관리해도 당신은 지금보다
더 멀리 나아갈 수 있다.

외부 자극에 반응하지 않으려면…

당신을 괴롭히는 그 어떠한 외부 자극에 반응하지 마라.

오로지 목표만을 위해 전진하라.

목표에 쏟아부어야 할 에너지를 외부의 자극에

흘려보내면 안 된다.

외부의 자극에 반응한다면 상대가 원하는 대로

흘러갈 뿐이다.

반응하지 않는 것이 지는 게 아니라

오히려 이긴다는 것을 왜 모르는가?

반응하게 되면 내 마음을 하루 종일 외부 자극에게

빼앗기게 되니 그 마음은 온전히 자신의 마음이 아니다.

상대방의 것이 되어 버리니, 상대방에게 휘둘리는 것과

마찬가지다.

외부의 자극에 대한 집착을 끊고

당신의 목표에 시선을 두라.

외부의 자극은 내면의 고통에 비하면 아무것도 아니다.

당신이 주저하는 이유, 당신이 자꾸 실패하는 이유는

외부의 자극보단 자기 생각과 감정에 의해서

무너지기 때문이다.

당신을 향한 욕설과 비난, 시기와 질투, 당신을 음해하는

모든 말들처럼 당신에게 방해되는 모든 외부 자극은

눈 가리고 귀 닫으면 그만이다.

하지만 내면의 목소리와 감정은 눈 가리고 귀를 닫아도 이미 동요하고 있으며 본인 주변을 계속 맴돌게 된다.

본인의 의지와 목표를 단단히 하고 싶다면 외부의 자극을 대처하는 것보단 내면의 힘을 길러야 한다.

그렇다면 그 어떤 외부의 자극에도 내면의 단단한 심지로 인해 쓰러지거나 주저하지 않는다.

어떤 상황에서도 평정심을 유지하라

당신의 숨통을 조여 오는 여러 감정에 대해 초연해지고
평정심을 유지해야 한다.

평화로웠던 내면에 평화를 깨트리는 것은
외부의 자극일까? 내면의 어지러움일까?

외부의 자극으로 인해 내면이 어지러워진다고
생각하는가?

외부의 자극은 내가 어찌할 수 있는 것이 아니지만
내면의 어지러움은 스스로 컨트롤이 가능하다.

그렇지만 본인 또한 사람이기에 모든 상황에서
태연하고 침착하게 대처하는 것이 힘들 때도 있다.

하지만 몇 가지 방법들로 인해 감정을 컨트롤하는 방법을
알게 되었다.

당신의 감정이 격해지고 평정심이 흐트러졌다는 것을
재빨리 인정하라.

그리고 명상을 통해 호흡에 집중하라.

당신의 폐를 통해 숨이 들어오고 나가고 있다는 것에만
집중한다면 어느 정도 평정심을 유지하는 데
도움이 될 것이다.

주의를 분산시켜라.

당신의 평정심에 방해가 되는 요인에 대해

깊이 생각하지 마라.

그렇다고 생각하지 않겠다고 노력한다면

'흰곰 효과'로 인해 그 생각을 더 깊게 할 수도 있다.

그러니 아예 다른 것을 생각해

주의를 분산하는 것이다.

그리고 어느 정도 침착함과 평정심이 돌아왔다면

글로 작성하여 기록한다.

그 기록으로 인해 다음에는 더욱더 초연하게

대처할 수 있으니까 말이다.

4장

생각법

불우한 과거를 극복하는 용기

과거에 후회되거나 고통스럽거나 괴로운 기억이 있다면
그 시절 나를 옭아매는 족쇄를 자를 수 있도록 도와준
사건이나 경험을 떠올리면 기분이 좀 나아진다.
떠올리는 것뿐만 아니라 종이를 펴 놓고
생각나는 대로 나열해 보자.
그 괴로운 과거에도 분명 극복했던
기억이 있었을 것이다.
중학교 때 집단따돌림으로 불우한 학창 시절을 보냈던
지인이 있는데 그 지인은 비보이 춤을 좋아해서
비보이 춤을 연습할 때가 그렇게 행복했다고 한다.
그리고 고등학교 축제에서 용기를 내어 학생들 앞에서
춤을 추었는데, 그때부터 인기를 얻고 자신감이 생기기
시작했다고 한다.
왕따를 당하며 움츠러들었던 어깨가 당당히 펴지기 시작
했고 그 자신감 덕분에 여자 친구도 사귀었다고 한다.
그 지인은 왕따와 괴롭힘을 당했던 순간의 고통을
간직하고 있고 가끔 꿈에서나 현실에서나 여전히
자신을 괴롭힌다고 한다.
하지만 결국 비보이를 통해 극복한 자신이 참으로
대견하다고 줄곧 얘기하곤 한다.

패왕의 바이블

과거의 아픔은 누구나 존재한다.

사연 없는 사람이 어디 있겠는가?

본인의 사연이 더 크게 느껴질 뿐이다.

위의 사연처럼 극복한 경험이 없이 무기력한 나날을

보낸 사람도 있을 것이다.

하지만 아직 극복하지 못했다면

앞으로 언제든지 극복할 기회가 있다는 뜻이고

극복만 한다면 과거의 아픔을 승화할 만큼

자부심과 용기를 갖게 될 것이다.

고통을 객관화하는 연습

옆 사람의 팔이 잘려도

손가락이 잘린 나의 아픔이 더 크고,

사기를 당해 전 재산을 잃고 파산당한 사람보다

투자 실패로 1,000만 원을 잃게 된 나의 고통이

더 큰 법이다.

타인의 고통을 '공감'해 주는 것보다

나의 고통을 빨리 상쇄하는 게 급선무이기 때문이다.

그렇기 때문에 고통에서 벗어나고자 한다면

우리는 객관적으로 생각해야 한다.

즉, 우리의 고통을 삼인칭으로 바라보아야

한다는 것이다.

고통의 주체가 '나'가 아닌, '타인'으로 바라본다면

고통을 조금이나마 덜 수 있다.

한 연예인의 노출 동영상이 유출되어 인터넷에 퍼지자

그 동영상의 주인공인 여자 연예인은

절망과 수치, 공황 증상으로 힘든 하루하루를 보내지만

그 고통을 모르는 당신은 '오, 재밌겠다.'

'막상 보니까 별로네.'

같은 반응으로 되게 가볍게 여길 것이다.

왜? 내가 그 동영상의 주인공이 아니니까.

패왕의 바이블

전세사기를 당한 사람들의 소식이 인터넷에 널리 퍼진다.

사람들은 입을 모아 전세 사기꾼을 욕하면서 한편으로는

안도감을 느낀다.

왜? 내가 전세사기의 피해자가 아니기 때문이다.

내가 그 고통을 받으면 괴롭겠지만 내가 아닌 다른 이가

고통을 겪게 되면 크게 와닿지 않는다.

지금 당신이 겪고 있는 고통은 타인이 바라보았을 때,

제삼자가 바라보았을 때, 고통스럽지 않을

가능성이 크다.

물론 당신은 고통스럽겠지만…

나의 고통은 타인이 알아주지 않는다.

알아주길 바라는 것도 타인에게 실례가 될 수 있다.

그러니 마음 근력을 키워

오직 나 스스로 이겨 낼 수 있어야 한다.

지금 마음이 너무 괴롭다면

고통을 객관화하는 연습이 필요하다.

나는 그건 못하지만 이건 잘해!

미국 하버드대학교 교육대학원 인지교육학 교수
하워드 가드너는 다중지능이론을 제안하면서
인간이 가진 아홉 가지의 지능 중
가장 중요한 지능은 자기객관화를 가장 잘하는
'자기성찰 지능'이라고 말했다.
사람은 개개인이 분명 남들과는 다른 장단점이 존재하며
남들보다 뒤떨어지는 부분이 있지만,
반면 남들보다 뛰어난 능력을 발휘하는 부분도
있기 마련이다.
본인이 어떤 강점을 지니고 있는 사람인지 잘 파악하는
것도 지능의 한 부분이라는 것이다.
남들보다 뒤떨어지고 못한다고 해서
자기 자신에게 실망하거나 자존감이 떨어질 필요가 없다.
단지 '그것'을 잘 못 할 뿐이다.
자신만의 강점을 찾고 그 강점을 활용하여 자신에게 맞는
직장을 구하고 미래의 꿈을 그린다면 아마 지금보다
훨씬 더 행복하지 않을까?

패왕의 바이블

행복은 내 주변에서…

하늘이 무너졌으면 좋겠다.

지구가 멸망했으면 좋겠다.

가진 게 많은 사람만 아쉽겠지.

잃을 게 없는 사람은 아쉬울 게 없다.

하지만 따뜻한 밥을 먹을 수 있고

하고 싶은 취미생활을 마음껏 할 수 있고

무더운 여름날 에어컨 앞에서 차가운 수박을

먹을 수 있고

추운 겨울날 전기장판과 두꺼운 이불에 몸을

맡길 수 있고

지친 몸을 달래 줄 돌아갈 집이 있고

나를 생각해 주는 사람이 있다는 것

따스한 행복이 내 몸을 감싸는 순간

'지구가 멸망 안 했으면 좋겠다.'고 생각하기 시작했다.

행복을 찾아 떠나는 것도 좋지만

지금 곁에 있는 행복을 느껴 보는 것도 좋다.

오해하고 있다면 그냥 두어라

상대방이 나에 대해서 오해하고 있다면
감정의 골이 깊어지기 전에 가급적 초반에 풀어야 한다.
하지만 무슨 수를 써서라도 오해를 풀어야 한다는
압박감에 의해 굳이 억지로 감정을 낭비하며
애쓸 필요는 없다.
인간관계는 끊임없는 이해와 오해의 연속이다.
타고난 기질, 살아온 환경, 학습된 생각 등등
삶의 경험이 각자 다르기 때문에 누군가를 완전히
100% 이해한다는 것은 불가능하다.
그러니 상대방이 나에 대해서 오해하고 있더라도
억울한 누명이 아니라면 오해를 풀려고 너무 애쓰지 마라.
그 사람이 나에 대해서 오해했든 안 했든
중요한 건 그게 아니다. 그 사람이 나를 아끼는
사람이라면 그 오해를 저절로 풀릴 것이고,
그 사람이 나를 싫어하는 사람이라면
오해를 풀려고 할수록 나를 더 멀리하게 될 뿐이다.
좋은 인연이라면 오해도 저절로 풀릴 것이고 좋지 않은
인연이라면 작은 오해도 이별의 빌미가 될 뿐이다.
남들은 나를 오해할 자유가 있고,
나는 그것을 해명할 의무가 없다는 걸 명심하자.

패왕의 바이블

세상에 영원한 것은 없다

우리는 모두 죽는다.

지구에 잠시 머무르다가 떠날 뿐,

우리가 소유하던 물건은 다른 사람이 소유하게 될 것이고

우리가 살던 집은 다른 사람이 살게 될 것이다.

우리의 후손은 우리가 누구인지 잘 모를 것이다.

우리가 고조할아버지, 증조할아버지를 잘 모르는 것처럼

말이다. 사진과 동영상을 통해서 우리를 기억할 수는

있겠지만 결국 모두의 기억 속에서 희미해져 갈 것이다.

모든 인간은 그렇게 역사 속으로 사라지고

육체는 흙으로 변하게 될 것이다.

목표를 향해 달리는 것은 매우 좋은 일이다.

하지만 너무 목표에 심취한 나머지 자신을 돌보지

못했다면 위의 말을 되새겨라.

무엇을 위해 아등바등하고 있는지는 모르겠지만

한 번뿐인 인생, 가장 좋아하는 일이 무엇인지 찾고

사랑하는 일을 하라.

어차피 죽으면 아무도 기억하지 못할 것이니 타인의

시선에 주눅이 들어, 하고 싶었던 일을 미루지 마라.

그리고 마음이 이끌리는 것을 선택하라. 육체가 흙으로

변하기 전 후회하지 않을 만큼 끌리는 것을 선택하라.

행동을 후회하지 않으려면

내가 한 행동에 대해서 후회가 되거나 근심이 생긴다면
행동과 마음 두 가지 측면에서 바라보아야 한다.
'어떤 실수를 고치기 위해'
'상대방으로부터 어떠한 고통을 받았을 때'
'갑작스러운 화를 당했을 때'
마음과 행동을 함께 다스리는 것은 힘든 일이다.
예를 들어 누군가로부터 어떠한 화를 당했을 때
아무리 생각해 봐도 내가 대응한 행동은 정당한
행동이었다. 하지만 마음이 불편하고,
정당한 행동을 했음에도 후회가 될 때가 있다.
그럴 때는 내가 한 행동의 정당성을 뒷받침하기 위해
마음을 다스려야 한다.
"다음에도 똑같은 상황이 발생한다면 나는 똑같이
행동할 거야. 하지만 이번 사건을 계기로 어떻게 하면
내 마음이 한결 가벼워지고 더 현명하게 마음 근력을
단련할 수 있을까?"
똑같은 일이 발생하더라도 지난 일에서 느낀
교훈을 찾아야 한다.
그리고 본인 스스로에게 질문을 던져야 한다.
'이번 일을 통해 무엇을 배웠는가?

패왕의 바이블

다음에 똑같은 일이 일어난다면 나는 똑같이
행동할 것인가?
아니면 다르게 행동할 것인가?
어떻게 행동해야지 현명했던 것일까?'
내가 한 행동을 후회하지 않기 위해서는
행동을 대변할 마음가짐을 키워야 한다.

더 이상 숨지 않을래

우리는 모두 누구에게나 숨기고 싶은 비밀이 존재한다.
다만 그 비밀의 크기가 각자 다를 뿐이다.
아무에게도 말하기 싫은 숨기고 싶은 비밀이
드러날까 봐 두렵다면,
나의 숨기고 싶은 과거가 들키는 것이 두렵다면,
오히려 숨기는 데 급급할 것이 아니라
지금 나에게 닥친 모든 상황과 부정적인 생각들을
있는 그대로 인정하는 태도가 더 도움이 된다.
여기서 말하는 인정하는 태도란, 과거의 후회나 잘못을
통해 스스로 반성하라는 뜻이 아니라
나를 있는 그대로 받아들이는 것이 중요하다는 말이다.
과거의 후회나 잘못을 타인의 실수로 돌리거나
내 잘못이 아닌 다른 이유가 있을 것으로 생각하고
애써 부정적인 생각을 피하려고만 한다면
그 부정적인 생각은 끊임없이 나를 괴롭힐 것이다.
과거를 부정하지 말고, 숨기지 마라.
지금의 나를 완성한 것은 과거의 '나'이기 때문이다.
부끄러운 과거에서는 교훈을 삼고
자랑스러운 과거에서는 자긍심을 느끼면 될 뿐,
단지 그것뿐이다.

패왕의 바이블

과거를 부정하고 속여 봤자 언젠가는 들키기 마련이고

들키지 않더라도 스스로 떳떳하지 못하니

모두 자신에게 해가 될 뿐이다.

과거를 인정하되 과거에 얽매여서는 안 된다.

현재를 만든 것은 과거의 '나'이지만

현재의 '나'를 과거에 묶어 두면

미래로 나아갈 수 없기 때문이다.

돌아갈 수 없는 과거를 인정하고,

현재의 자신을 믿으며 살아가는 것은 쉽지 않다.

하지만 자신의 발목을 잡는 과거가 있다면

그냥 순순히 인정하되, 재빨리 벗어나라.

그리고 이렇게 외쳐라.

"응, 그때는 그랬지. 그래서 뭐 어쩌라고?

현재의 나는 이렇게 달라졌고,

그로 인해 나는 더 단단한 사람이 되었어."

당신이 하는 걱정의 대부분은 쓸데없는 걱정이다

걱정을 미리 하지 마라.

그렇다면 심리학 관점에서 우리가 걱정하는 이유는

무엇일까?

걱정은 앞으로 일어날 부정적인 일에 대해서 그것을

받아들일 각오가 되어 있지 않거나 마땅한 대비책이

없으면 불안감에 휩싸이게 되고 우린 그것을

'걱정'이라고 표현한다.

걱정하는 것은 앞으로 있을 위험을 예측하고 방지하기

위한 당연한 생존 본능이며 걱정 자체가

잘못된 것이 아니다.

하지만 쓸데없는 걱정을 자주 한다면

그건 잘못된 것이다.

자신이 쓸데없는 걱정이 많다면 중립적인 태도를 취하는

것이 도움이 될 것이다.

저 멀리 보이는 직장 상사에게 인사를 건넸지만

그 직장 상사가 인사를 받아 주지 않는다면?

걱정이 많은 사람들은 '내가 뭘 잘못했나?

인사하는 방식이 잘못되었나?'라고 생각하겠지만,

중립적인 태도를 취한다면 '거리가 멀어서 날 못

보셨나 봐, 엄청 바빠 보이시네.'라고 생각할 것이다.

패왕의 바이블

중립적인 태도는 긍정적 태도와 마찬가지로
걱정을 덜어 낼 수 있는 인지능력 중 하나이다.
또한 직상 상사가 정말로 당신을 보지 못했든,
일부러 인사를 받지 않든,
그건 당신이 걱정해야 할 부분이 전혀 아니다.
걱정할 거면 당신이 통제할 수 있는 영역에서만
걱정해라.
걱정이 많으면 사고력은 떨어지게 되어 있다.
과도한 걱정이 오히려 좋지 않은 결과를
가져온다는 소리다.
확실하지도 않은 사실에 대해서 동요하지 말고,
미리 걱정하지 마라.
불필요한 감정에 에너지를 빼앗길 뿐이다.
앞으로 일어날 사건에 대해 대비는 해야겠지만,
걱정할 필요는 없다. 내일의 걱정은 내일에 맡겨라.
해결될 일이라면 걱정할 필요가 없고, 해결되지 않을
일이라면 걱정해도 소용이 없다.
그러니 아직 일어나지도 않은 일에 대해서
걱정하지 마라.
미래 걱정은 현재 살아갈 희망을 앗아갈 뿐이니까.

불행을 대하는 태도

당신에게 주어진 불행을 확대해석하지 마라.
불행을 객관적으로 바라보아라.
당신에게 일어난 불행이라 크게 느껴지는 것이지,
타인에게 일어난 불행이라고
느낀다면 분명히 별일 아니라고 생각할 것이다.
대부분의 불행은 별것 아닌 사소한 것이다.
마음속에 담아 두지 않으면 아무 일도 아니다.
예민하게 반응하지 마라.
사소한 일을 괜히 크게 반응하여 마음에 담아 두면
자신에게 손해일 뿐이다.
상대방이 당신에게 불행을 안겨 주었다고 하더라도
상대방은 그 일에 대해 신경도 안 쓰는데,
당신 혼자 전전긍긍하며 끙끙 앓고 있다면
너무 억울하지 않겠는가?
불행을 겸허히 받아들일 수 있는 태도를 키워야 한다.
거기에 몰두하는 것은 시간 낭비, 감정 낭비일
뿐이니까 말이다.

패왕의 바이블

통제 가능한 것과 불가능한 것

내가 어쩌지 못하는 것을 간섭하고 개입하려 할 때
사람은 불행해진다.
'왜 내 뜻대로 되지 않을까?'라는 절망에 사로잡혀
자신을 비난하고 좌절이란 틀 안에 스스로 가두는 것을
보게 될 것이다.
내가 통제할 수 있는 것과 통제할 수 없는 것을
구분하여 현명한 시각으로 바라본다면
당신은 앞으로 더 유능해질 수 있고
더 성장할 수 있으며 불행하다고 느끼지 않을 것이다.
이미 내려오고 있는 비는 맞아야 한다.
당신이 통제하지 못한다.
비를 피할 순 있지만
비를 내리지 못하게 할 수는 없는 것이다.
본인이 주체적으로 스스로를 객관화하는 연습을 통해
본인이 통제 가능한 일인지 본인이 아무리 노력해도
통제가 불가능한 일인지 판단하라.
통제가 불가능한 일을 아무리 붙잡고 있다고 해도
남는 것은 '피로와 절망, 상실'뿐이다.

용서는 강자의 특권이다

우리는 인생을 살아가면서 누군가를 반드시
용서해야 할 순간이 찾아올 것이다.
지금 당장은 그 사람을 용서할 준비가 안 되었는데
시간이 흘러 그 사람을 이해하게 되고
자기 내면의 그릇이 커진다면
그 사람을 용서하게 될 때가 올지도 모른다.
결국 용서를 한다는 것은 내가 강하다는 증거이다.
용서란 필연적으로 자기희생을 동반하는 법이다.
본인이 조금 손해를 보더라도 상대방에게 자비를
베푸는 것이야말로 진정한 용서이기 때문이다.
그리고 자비를 베풂으로써 내면의 그릇은
한 단계 더 성장할 수 있다.
지금보다 내면이 더 단단해지고 강해진다는 뜻이다.
약한 자는 상대를 끝까지 증오하며 살아가지만,
강한 자는 상대방에게 자비를 베풀며
내면의 그릇을 키워 나간다.
용서가 강자의 특권인 만큼 용서를 하는 것도
큰 용기가 필요하다.
하지만 무조건 용서를 하는 건 잘못이다.
인생을 살다 보면 용서해야 하는 것과 하지 말아야

할 것이 분명히 있기 때문이다.

'용서와 관용', '복수와 처벌'

그렇다면 정말 복수하고 싶은 대상이 있지만
그 사람을 용서해 줘야 할까?

용서와 복수도 결국 타산적일 수밖에 없다.

복수를 하고 싶거든 냉정하고 침착하게 판단하여
실리를 따져 가며 해야 한다.

당신이 계산했을 때 복수하는 것이 더 현명하다고
판단이 되면 복수를 하는 것이고,

복수를 하는 것이 당신에게 불리하다는 판단이 선다면
어쩔 수 없이 용서하는 것이다.

내가 손해를 조금 보더라도 복수를 꼭 해야겠다면
복수해야지, 어쩌겠는가?

나는 줄곧 이 책을 통해 만인지적이라 불릴 만큼
강한 마음과 정신을 지닌 패왕이 되어야 한다고
얘기하지, 무조건 용서를 행하는 부처나 예수처럼
성인군자가 되라고 얘기하지 않는다.

하지만 당신이 진정한 강자가 되고 싶다면
그 방법은 매우 간단하면서 매우 어렵다.

그건 바로 복수할 만한 힘이 있는데도 불구하고
용서하는 것이다.

대부분의 사람은 복수하고 싶지만 어쩔 수 없이

용서하는 경우가 대다수이다.

진심으로 상대방을 위해서 용서하는 성인군자는

소수일 뿐이다.

하지만 자신이 복수할 힘이 있고, 명분이 있고,

책략이 있지만 상대를 용서하는 것이야말로

진정한 강자이다.

타인의 삶을 배척하라

내면이 약한 자는 타인과 자신을 비교하며
끊임없이 자신을 깎아내린다.
하지만 내면이 강한 자는 타인과 비교하지 않을 뿐
아니라 타인보다 더 강한 자신의 장점을 살려
우직하게 밀고 나간다.
타인과 자신을 비교하는 순간 온전히 자신의 삶을
살아가는 것은 불가능하다.
자신이 하고 싶은 것은 후순위로 밀리고 타인의 시선을
의식한 것이 우선순위가 될 테니까 말이다.
무엇을 하더라도 '다른 사람이 어떻게 생각할까?'라는
질문에 평생 발목 잡혀 전진하지 못할 테니까.
과거에 발이 묶이고 타인의 시선에 발이 묶여
미래로 나아가지 못하고 현재에 정체 중인 자신을
보게 될 것이다.
타인의 하이라이트와 나의 비하인드를 비교하지 말자.
명심해라.
비교하는 순간 진정한 자신의 삶이 아닌
타인의 삶을 살게 될 것이다.

누구나 겪어야 하는 인생의 시련

내가 겪고 싶지 않다고 해서 안 겪을 순 없다.

누명, 사고, 말다툼, 배신, 시기, 불공정함, 질병, 죽음

인생을 살다 보면 어쩔 수 없이 겪어야 하는

순간들이 있다.

다시는 안 겪어야지 하지만,

두 번을 겪게 되는 순간들도 있다.

그런 상황을 평생 안 겪을 줄 알았는가? 착각이다.

'왜 나에게 이런 시련이…'라면서 고통스러워하지만

그 시련은 당신만 겪는 것도 아니다.

다른 도시에서 당신과 똑같은 일을 겪은 이가

분명 존재할 것이다.

당신만 불행한 사건에 휘말린 것도 아니니

너무 절망하지 마라. 더 억울한 사람도 흔하디흔하다.

원치 않는 상황을 겪는다면 지금의 경험을 잘 기억해라.

지금의 경험이 다음의 불행한 상황에서

당신의 큰 무기가 될 것이다.

버틸 수 있는, 이겨 낼 수 있는 인생의 경험치가 된다.

그러한 경험들이 쌓여서 나를 완성체 인간으로 만들어

준다. 인생이란 원래 굴곡진 삶인 것을

직선으로만 살아가는 인생이 어찌 재미있겠는가?

하찮은 것 때문에 인생을 날리지 마라

본인 인생에서 하등 불필요한 인간 때문에
스트레스 받지 마라.
운전 중 방향지시등 없이 차선을 침범하여
끼어들기 하는 운전자,
인터넷 공간에서 익명이라는 가면 뒤에 숨어
당신을 비난하는 인간들,
식당의 불친절한 직원, 길거리를 지나가다 술에 취해
당신에게 시비 거는 사람들,
다들 오늘 보고 말 사이다.
앞으로 보지 않을 사람들이다.
당신 인생에 전혀 쓸모없는 사람들 때문에
왜 당신의 하루를 날려 보낸단 말인가?
그들은 당신 인생을 좌지우지하지도 않고,
그럴 권한도 없다.
당신 인생에 단 1%라도 영양가가 없는 인간들이다.
그들로 인해 좌지우지되는 건 당신의 마음뿐이다.
당신 인생에 쓸데없는 인간들 때문에 시간 낭비하며
고통받지 말고, 그들에게 휘둘리지 마라.
당신에게 정말 중요한 사람들에게 시간을 쏟아라.

지나친 걱정은 병이다

"우리가 하는 걱정거리의 40%는 절대 일어나지
않을 일, 30%는 이미 지나간 과거의 일,
22%는 일어나 봤자 별 영향이 없는 사소한 일이다.
4%는 천재지변 등 우리가 어쩔 수 없으므로
우리가 실제로 걱정하며 해결해야 하는 일은
4%에 불과하다."
어니 J. 젤린스키의 명언이다.
위의 명언은 다양한 의역이 존재하고
인터넷에 널리 퍼져 있는 아주 유명한 명언이다.
나는 걱정이 앞설 때면 항상 위의 명언을 떠올린다.
걱정은 이미 걱정하기 시작하는 단계에서부터
객관성을 상실해 버린다.
사소한 걱정거리라도 사소하게 느껴지지 않을뿐더러
'더 심해지지 않을까?'라는 노심초사가 함께 따라오기
때문이다.
걱정이 현실로 다가올 경우의 수를 생각해 본다면
일어나지 않을 일이 훨씬 더 많다.
현실로 다가오더라도 아주 사소한 걱정이겠지만 말이다.
당신이 지금 하고 있는 걱정도 사소한 걱정이거나
현실로 일어나지 않을 가능성이 높을 것이다.

패왕의 바이블

걱정이 머릿속을 어지럽게 하여도
걱정의 거짓부리에 넘어가면 안 된다.
그 순간만큼은 사실 그대로인 현실을 직시하고 객관성을
유지해야만 한다.
걱정이 나쁜 것은 아니지만,
지나친 걱정은 오늘의 삶을 앗아가 버린다.
지나친 걱정은 '자신을 위해' 그만 자제하도록 하자.

예측할 수 없는 것이 곧 인생이니
현재 모습으로 미래를 판단하지 마라

한 치 앞을 알 수 없는 것이 세상사라고 하니

우리의 앞날이 어떻게 흘러갈지 염려하지 마라.

현재의 불행이 미래까지 이어지리란 보장이 없고

현재 잘 안 되고 있다고 하여도

미래까지 불투명하리란 보장도 없다.

반대로 현재 일이 잘 풀린다고 하여도 앞으로 승승장구를

기대해서도 안 된다.

소싯적 공사판에서 일을 잠깐 한 적이 있었는데,

거기서 만난 아저씨들은

"지금, 이 꼬락서니로 살지만, 내가 왕년에 말이야…"

과거에 본인이 얼마나 잘나갔는지 입에 거품이 생기도록

자랑을 일삼았다.

하지만 내가 듣고 싶은 건 그런 게 아니었고,

보고 있는 모습은 현재의 모습이다.

과거의 영광은 추억일 뿐,

현재는 공사장에서 일용직으로 일을 하고 있지 않은가?

과거에 발목이 잡혀 있는 사람은

절대 앞으로 나아가질 못한다.

이 말인즉슨, 현재는 공사장 일용직으로 일하지만

가슴속 꿈이 있다면 언제든지 꿈을 향해

내달릴 수도 있다는 뜻이다.

평생 일용직만 하리란 법도 없지 않은가?

초등학생 때 공부에 소질이 없었지만, 고등학생 때

공부에 흥미를 느껴 좋은 대학에 가기도 하고

초등학생 때 전교 1등을 할 정도로 공부를 곧잘 했지만,

고등학생 때 공부를 손 놓기 시작하면서

대학 진학에 실패하기도 한다.

그리고 좋은 대학을 가더라도 취업에 실패하기도 하고

삼류 대학에 들어가더라도 좋은 직장을 구하기도 한다.

다만 확률상의 문제일 뿐이다.

현재 상황만 가지고 미래를 판단하지 마라.

당신은 당신이 알고 있는 것보다

훨씬 더 큰 꿈을 꿀 수 있다.

바리스타 공부하러 미국에 유학하러 갔다가 귀국한 후

해장국 장사하는 옆집 아저씨처럼….

인생이란 어떻게 흘러갈지 아무도 모른다.

내 길이 정해져 있는 것이 아니고,

그냥 걸어가다 보면 내 길이 되는 것이다.

다만 오늘을 살아가는 우리가 최선을 다하면 그뿐이다.

인생은 선택의 연속이다

우리는 매 순간 크고 작은 선택을 하고 살아가며,

선택하지 않을 수는 없다.

선택하지 않는 것조차 선택이다.

그런데 내가 선택했던 길을 후회하고

선택하지 않은 길이 더 좋았을 거라고

불확실한 가정에 대해 후회하는 경우가 있다.

과거를 부정하는 것은 자신을 부정하는 것이다.

수도 없는 선택들이 쌓여 지금의 나를 완성한 것이기

때문이다.

공부를 더 열심히 했더라면, 더 좋은 회사에

취업했더라면 등등 지난날에 대해 후회할 필요가 없다.

극단적으로 얘기해서 지금의 선택이 아닌,

다른 선택을 했더라면 당신은 지금 더 잘되기는커녕

죽었을 수도 있으니까 말이다.

다른 선택으로 인해 비극적인 결말을 맞았을 것이라는 건

왜 염두에 두지 못하는 것인가?

내가 올바른 선택을 하지 못했다는 후회에 그 선택을

하게끔 만든 사람을 탓하지도 마라.

결국 선택을 한 것은 나 자신이고,

그렇게 되도록 결과를 만든 것도 나 자신이기 때문이다.

후회되는 선택을 다시 되돌릴 시간은 충분히 있었다.

다만 본인이 느끼지 못했을 뿐이다.

후회라는 감정도 성숙하기 때문에 나타나는 감정이다.

본인이 그만큼 성장했고, 자기 삶에 대한 애착이

있기 때문에 가능한 것이다.

수많은 선택으로 이루어진 결과물이 현재의 자신인 만큼

자기 자신을 조금 더 아껴 주고 사랑하자.

뭘 해도 안 될 때

뭘 해도 안 된다고 느낄 때는 심리적인 요소가

크게 작용한다.

안 되는 일이 생길 때는 나의 마음이 동요하게 되고

평정심이 흔들린다.

그런 불안한 마음이 지속되다 보니

하는 일마다 잘될 리가 있을까?

뭔가 잘 풀리지 않을 때는 문제해결 방식을 도모하기 전,

자신의 마음부터 다스리는 것이 옳은 것이다.

하지만 본인의 의지와는 무관하게 하는 일마다

정말 안 풀리는 경우가 있다.

그럴 때는 다음과 같은 방법이 도움이 될 수 있다.

바로 주변의 환경을 바꾸는 것이다.

우리는 매일 일정한 시간과 공간, 그리고 사람들을

만나며 살아간다.

그런데 지금 당신의 인생이 뭔가 잘 풀리지 않고

꼬인 느낌이 든다면

나에게 낭비되고 있는 시간은 없는지,

내가 지내고 있는 공간이 불편함을 유발하지는 않는지,

내가 함께 지내고 있는 사람들이

나에게 악영향을 주지는 않는지,

패왕의 바이블

면밀하고 꼼꼼하게 살펴보아야 한다.
나에게 주어진 시간을 어떻게 효율적으로
사용할 것인지, 나의 능률이 올라갈 수 있도록
공간을 어떻게 활용하면 좋을지,
성공하기 위해서 어떤 사람들을 곁에 둬야 할지,
아주 사소한 것 같지만 나에게 주어진
시간, 공간, 사람의 변화를 준다면
최소한 지금보다 더 나은 방향으로 흘러갈 것이다.

타인의 시선을 신경 쓰지 않아도 되는 이유

타인이 당신을 바라보는 시선이나 생각 따위는
그들의 '자유의지'인 것이다.
당신의 삶을 내던져 버리고 그들의 입맛대로,
오로지 그들 시선에 눈높이를 맞춘다고 해도
그들이 과연 만족할까?
"제발 나를 좋게 봐 주세요.
그런 눈으로 보지 말아 주세요."라고 소리치더라도
그들이 '싫은데? 내 마음인데?'라고 한다면
당신이 어쩔 수 없는 부분인 것이다.
다시 말해, 당신이 아무리 주변 시선에 신경을 쓰더라도
당신을 어떻게 생각하느냐, 어떻게 바라보느냐는
타인의 '자유'이기 때문에 당신이 어쩔 수 없는 것이다.
타인의 자유의지는 당신이
함부로 바꿀 수 있는 것들이 아니다.
당신이 과거에 어떤 수모를 당해 왔건
현재에 어떤 일을 하고 있든 간에
타인의 시선은 당신이 어쩌지 못하는 것이므로
발버둥 치지 말고,
당신이 좋아하고 진정 원하는 것을 하면 그뿐이다.

패왕의 바이블

빨리 성공해야 한다는 조급함

남들보다 열심히 노력하는데도 불구하고
아직 본인이 원하는 성공에 발을 들이지 못했다면
억울해하지도 말고, 조급해하지도 마라.
영국의 한 베스트셀러 작가는 여든이 훌쩍 넘은 나이에
베스트셀러 반열에 오를 수 있었다.
그녀는 오랫동안 책을 써 왔지만,
소위 말하는 무명작가에 불과했다.
베스트셀러 작가로 성공을 거둔 후 인터뷰를 하게
되었는데, 기자가 이렇게 물었다.
"성공이 너무 늦게 찾아온 거 같은데
억울하지는 않으세요?"
그녀가 어떤 대답했을 것 같은가?
혹여나 여러분이라면 저런 질문을 받았을 때
어떤 대답을 할 것 같은가?
먼 훗날 미래에 당신의 분야에서 성공을 거둔
뒤라면 말이다. 나라면 이렇게 대답할 것이다.
"몇몇 사람들은 억울하다고 생각할 것 같지만,
저는 이제라도 성공이라는 것이 제 인생에 찾아왔다는
것이 너무 기쁘네요.
책을 쓰는 대부분의 사람이 베스트셀러 작가가 되어 보지

못하고 생을 마감하는데 저는 운 좋게 지금이라도
꿈을 이루었으니까요.
그리고 그동안의 기본기가 없었더라면 절대 베스트셀러
작가가 되지 못했을 겁니다.
빨리 성공하더라도 운 좋게 성공한 셈이니 실력이 아닌
더욱더 운에 의존하는 별 볼일 없는 작가가 되었겠죠.
그래서 저는 빨리 성공하는 것이 안 좋다고 생각합니다.”
각 분야에서 성공하는 것은 어렵지만
성공을 유지하는 것은 더 어렵다.
모순되게도 빨리 성공하고 싶다면 기본에 충실하며
천천히 성공해야 한다.
항상 기본에 충실해야 한다.

패왕의 바이블

모든 문제에는 해결책이 있다

대부분의 문제는 당신의 생각보다 훨씬
간단하게 해결될 확률이 높다.
해결이 되지 않을까 봐 미리 겁먹는 것은
어리석은 짓이다.
나는 매번 문제를 직면할 때마다 느끼곤 한다.
'아, 세상 모든 일에는 해결책이 있구나.'
물론 불치병을 치료하거나 우주를 정복하는 것에는
아직 마땅한 해결책이 없지만,
그 외에 대부분의 일에는 해결책이 명확히 존재한다는
것을 확신한다.
대부분 방법을 몰라 해결을 못 할 뿐이지
방법만 알게 된다면 금세 해결된다.
다만 해결하기까지의 시간이 짧게 걸리냐, 오래 걸리냐의
차이일 뿐이다.
짧은 시간에 해결되는 문제는 크게 신경 쓸 필요가
없지만, 시간이 오래 걸리는 문제는 인내심을
가져야 한다.
모든 것에는 때가 있는 법이다.
오래 걸리는 문제를 짧은 시간에 해결하려고 하다 보면
문제해결은 더 안 되면서 오히려 불안하고 초조해지며

덩달아 시야가 좁아지게 되니 문제해결은 점점 더
늦어질 수밖에 없다.
하지만 명심해야 할 사실은 어떤 문제든지 간에 해결책은
반드시 존재한다는 마음을 갖는 것이 중요하다는 것이다.

잘못을 인정하는 용기를 가져라

자기 잘못을 인정한다는 것은 용기가 필요하다.
잘못을 인정했을 때 나에게 닥쳐올 여파를 감당하기
두렵기 때문에 잘못을 저질러도 대부분은
회피하거나 발뺌한다. 우리 사회에서 상당히 많이 볼 수
있는 모습이다. 하지만 진실은 결국 밝혀지는 법이다.
당신이 명백히 잘못을 저질렀지만, 오히려 발뺌하는
모습을 보인다면 주변인들의 차가운 냉대와 비난을
받게 되는 것도 모자라 발뺌했기 때문에 신뢰마저
잃게 될 것이다. 자기 잘못을 숨기기 급급해서 이번
잘못한 사건에 대해 고치지 못하고 얼렁뚱땅 넘어가는
것이 다음에 더 큰 잘못을 유발할 수 있다.
사람의 가치는 자신의 잘못을 인정하고 바로 잡으려는
노력의 행동이 뒷받침되었을 때 비로소 빛을 발휘하게
된다. 잘못을 시인했을 때 주변 사람들은 용기 있는
당신의 모습에 비난보다는 박수를 쳐 줄 것이며,
오히려 예전보다 당신을 더 신뢰할 수 있게 될 것이다.
또한 사람들에게 반드시 이렇게 각인될 것이다.
잘못을 저질러서 능력이 부족해 보이는 모습보다
책임감 있고 신뢰감이 높은 사람임에는
분명하다고 말이다.

표현에 자존심을 세우지 마라

고마운 사람에게 고맙다고 말하고, 미안한 사람에게
미안하다고 말하는 것이 힘든 사람들이 많다.
특히 싫은 사람에게 도움을 받아도 고맙다고 말하는 것은
더 힘들다. 고마움과 미안함은 자주 말할수록
나의 가치가 더 올라가는 것이다. 상대방을 치켜세우는
게 아니라 나의 가치가 더 올라간다는 말이다.
고마움과 미안함의 표현뿐만 아니라
반가움의 인사도 마찬가지다.
특히 인사에 인색하면 사회생활이 힘들어진다.
인사에는 남녀노소 구분이 없다.
사회에서 누군가를 처음 만나게 된다면
남자가 여자에게 무조건 먼저 인사를 해야 하는 것도
아니고, 젊은이가 노인에게 무조건 먼저 인사를 해야
하는 것도 아니다. 상대를 먼저 발견하거나
반가운 사람이 먼저 인사를 하면 되는 것이다.
'누가 인사를 먼저 해야 하느냐'라는 걸 따지려고 드는
순간부터 이미 불쾌한 감정이 앞서게 된다.
반가움의 인사가 됐건, 고마움과 미안함의 표현이
됐건 간에 자발적인 마음으로 적극적 의사를 전달하는
것이 중요하다.

패왕의 바이블

자기객관화는 정말 필요한 일이다

자기객관화가 안 되는 사람의 가장 무서운 점은
'모든 세상 사람은 다 똑같다.'고 생각하기 때문에
타인에게서 자신과 똑같은 점만 보려고 한다는 것이다.
사람마다 장단점은 모두 다르듯이
타인과 내가 다르다는 것을 인정하고
타인을 들여다봐야 하는데, 자기객관화가 되지 않는
사람은 타인을 자신과 빗대어 같은 점만 바라보려고
하고, 자신과 의견이나 생각이 다르면 어떻게 해서든
자신의 말이 맞다는 것을 입증하려 한다.
그러다가 입증이 힘들게 되면 타인을 배척하고 억압하며
자기 말이 맞다는 것을 정당화하려 한다.
그렇게 하지 않으면 본인이 틀렸다는 것을 인정해야 하기
때문이다.
그것을 '인정'하는 것은 자기객관화가 되지 않는 사람이
가장 싫어하는 행동이기도 하다.
자기객관화도 '지능'이다.
자기객관화가 잘되는 사람들은 나와 타인은 다르다는
것을 알고 있기 때문에 타인과의 갈등을 겪을 가능성이
현저히 낮다.
소크라테스의 '너 자신을 알라.'는 자기객관화를

하라는 말처럼 들린다.

자신을 객관화함으로써 자신이 틀릴 수도 있고,

상대방이 맞을 수도 있다는 것을 깨우쳐야 한다.

그리고 자신이 잘하는 것이 무엇인지,

부족한 분야는 무엇인지 파악하는 것 또한

자기객관화이다.

이러한 자기객관화는 인생을 좀 더 현명하게 살아가는 데

분명 도움이 될 것이다.

패왕의 바이블

자신의 감정을 드러내지 않는 사람이야말로 정말 무서운 사람이다

인간관계에서 정말 무서운 사람은
다른 사람의 요구조건은 다 받아 주는 듯하면서도
상대방의 언행을 모두 지켜보며 기억하는 사람이다.
이런 부류의 사람은 대부분 이해심이 뛰어나고
상대방을 배려할 줄 알고 매사에 신중하며
입이 무거운 경우가 많다.
그리고 자신의 감정을 겉으로 쉽게 드러내지 않는다.
하지만 결코 만만하게 봐선 안 된다.
상대방을 배려하는 것은 기회를 주는 것이고,
입이 무거운 것은 불필요한 말을 삼가는 것이
본인에게 더 유리하다고 생각하기 때문이다.
그리고 이런 사람들은 '사람 보는 눈'이 뛰어나기 때문에
자신이 정한 선을 넘거나 상대방이 무례하게 군다면
가차 없이 손절할 수 있는 포부와 결단력을 지닌
사람일 확률이 높다.
그들은 쓸데없는 감정을 밖으로 표출하지 않을 뿐,
선을 넘어 버리면 접근하는 것조차 허락하지 않는다.
그러니 우리는 자신에게 호의를 베풀고 있는 사람을
특히 더 조심스럽게 대해야 한다.

슈퍼히어로와 악당의 차이

아픈 사람을 보면서 자라면 의사가 되고
위험에 빠진 사람들을 보면서 자라면 구조대가 된다.
우리는 과거 주변 환경의 영향에서 벗어날 수 없다.
당신의 생각과 사상의 근원은
과거의 영향에서 비롯된 것이니까 말이다.
당신이 바라고 꿈꿔 왔던 모든 순간은
과거의 영향에서 비롯된 것이다.
당신도 모르게 말이다.
왜소한 친구가 갑자기 운동을 시작했다면
과거에 무시를 당했던 기억 때문에
더 이상 무시당하기 싫기 때문이고,
못생긴 여자가 성형을 결심했다면
과거에 못생긴 외모로 놀림을 당했던 기억 때문에
더 이상 놀림당하기 싫기 때문이다.
당신이 지금 하고자 하는 결심도
과거의 영향에서 비롯된 것이 분명하다.
결국 과거의 영향을 받는 것은 어쩔 수 없지만,
그 영향을 어떻게 받아들이냐는 본인의 생각하기
나름이다.
슈퍼히어로와 악당은 한 끗 차이다.

패왕의 바이블

두 가지 유형 모두 고통을 받았지만,

받아들이는 태도가 다르다.

악당은 '내가 고통을 받았으니, 세상에게 고통을

돌려주겠다.'고 얘기하지만 슈퍼히어로는 '내가 고통을

겪어 보니 다른 사람은 고통을 겪지 않게끔 하겠다.'

라고 얘기한다.

안 좋은 영향을 받았다고 해서 꼭 안 좋게 되라는

법은 없다.

영향을 받는 입장에서 좋은 영향으로 바꾸면 된다.

과거의 그 영향을 당신이 어떻게 받아들이느냐에 따라

당신은 슈퍼히어로가 될 수도 있고,

악당이 될 수도 있으니까 말이다.

성공하고 싶다면 이미 성공한 것처럼 행동하라

부자처럼 보이고 싶다면 부자처럼 생각하고 행동하라.

롤모델을 정하고 롤모델을 따라 하라.

자기 가슴 속에 있는 영웅들처럼 되고 싶다면

그들의 태도와 자세뿐만 아니라 의상부터 말투까지

고려해야 한다.

겉으로 드러나고 보이는 것이

남들 시선을 의식하기 위한 행동이라고

착각할 수 있겠지만 스스로에게도 영향을 끼친다.

성공한 CEO처럼 옷을 입으면

그것에 맞게 저절로 생각과 행동마저 성공한

CEO처럼 바뀌게 된다는 뜻이다.

끊임없이 롤모델을 떠올리며

그 사람처럼 옷을 입고 생각하고 행동하라.

이미 그 사람이 된 것처럼 말이다.

인연에 연연하지 마라

평생을 갈 것 같은 인연도 언제 그랬냐는 듯이
한순간에 틀어지기도 하고
가볍게 여기던 인연들이 나도 모르는 사이에
평생의 지기가 되기도 한다.
어차피 헤어질 사람이라면 언젠가는 헤어질 것이고
다시 돌아올 사람이라면 언젠가는 돌아올 것이다.
그것이 인연인 것을….
인간관계 하나하나에 의미를 부여하고 살면
나만 피곤해진다.
행복한 순간이 영원히 이어지지 않듯이 관계라는 것도
언젠가는 끝이 난다.
인연에 집착하면 집착할수록 큰 대업과는 점점
멀어지게 될 것이다.
관계가 멀어졌다고 해도, 인연이 다했다고 해도,
함께했던 순간의 소중한 기억들은
그 사람과 나만이 공유할 수 있는 좋은 추억으로
자리 잡을 것이다.

비난에 대응하는 생각법

이 세계에는 명성을 널리 떨치고 사회적 지위가 높으며
부를 많이 축적하고 엄청난 영향력을 행사하는
인물들이 있다.
소위 말해 잘나가는 사람은 항상 비난, 즉 악플에
시달리게 된다. 악플이 없는 사람은 없다.
역사적으로 훌륭한 위인에게도 다른 이면이 있듯이
악플러들은 어떻게든 트집을 잡아 욕할 것이 뻔하기
때문이다.
잘나가는 사람이 되기 위해선 욕먹는 것을
두려워하면 안 된다.
그들은 온갖 구설수로 당신을 괴롭힐 것이고
없는 소문을 만들어서 당신을 음해하고
그것을 사실인 것마냥 인터넷에 퍼 날라 모함하기
바쁠 것이다.
그걸 접하는 사람들에게는 그것이 진실인지 아닌지는
중요하지 않다.
어차피 지루한 일상에 단비가 되어 줄
유흥 거리가 필요할 뿐이니까 말이다.
그리고 그들은 노골적으로 조리돌림하여 당신의 심기를
괴롭혀 나락으로 떨어뜨리려 할 것이다.

정말 나락까지 떨어져 스스로 삶을 포기하는
유명 인사들이 있다.

당신도 유명해진다면 마찬가지일 수 있다.

그 순간 당신은 지고, 그들이 이긴 것이다.

그리고 그들은 무서울 정도로 태도를 돌변하며
언제 그랬냐는 듯이 사라질 것이다.

그리고 하염없이 새로운 먹잇감을 찾아 나선다.

비난 앞에 굴복할 것이라면 큰일을 하겠다는 생각을
버려라. 명을 재촉하게 될지도 모른다.

반대로 큰일을 하겠다는 뜻을 품고 있다면
비난은 당연하게 생각하는 것이 맘 편하다.

5 장

지략

모든 것을 지키려 한다면 모든 것을 잃게 된다

두 마리 토끼를 동시에 잡을 순 없다.
선택의 기로에 섰을 때 하나는 손해를 감수하더라도
포기할 줄 아는 자세가 중요하다.
두 마리 토끼를 모두 잡겠다고 호언장담했지만,
두 마리 토끼를 모두 놓치는 경우를
셀 수도 없이 많이 보았다.
물론 운이 좋다면 두 마리 모두 잡을 수는 있겠지만,
아닌 경우가 훨씬 많다.
이를 잘 나타낸 사자성어가 바로 '양토실실'이다.
하나의 분야에만 최선을 다해도 성공할까 말까 하는
와중에 다른 곳에 눈길을 돌리고 욕심을 부리게 되는
순간, 두 가지 기회를 모두 날려 버리고 말 것이다.
우리는 순간의 욕심에 눈이 멀어 두 가지 기회를
날려 버리는 멍청한 판단을 해서는 안 된다.

패왕의 바이블

인생은 스포츠가 아니다

스포츠에 있어서 중요시되는 건 아마도
스포츠맨십일 것이다.
스포츠에는 신사답게 지켜야 하는 룰이 있는 법.
대부분의 사람은 정정당당한 것을 좋아한다.
서로의 실력을 증명하기 위해 정정당당하게 승부를
겨룬다는 것은 참으로 아름답다.
스포츠뿐만 아니라 모든 분야에서 정당하게만 승부를
겨룬다면 얼마나 아름다울까?
하지만 인생은 스포츠가 아니다.
정점으로 올라가고 싶다면 수단과 방법을 가리지 말고
올라가라.
손자병법에서도 속임수는 비겁한 것이 아닌 전투를
이기기 위한 하나의 방식이자 계책이라고 하였다.
나 혼자 정당하다고 해서 상대방은 그렇게 하지 않을
가능성이 크다.
상대에게 패배하고 나서
"나는 정당하게 싸웠으니까 괜찮아."라고 해 봤자
패배한 자가 내뱉는 자기합리화에 불과할 뿐이다.
물론 정당함과 도덕성은 연계될 수밖에 없다.
그러나 비겁하다고 손가락질하는 따가운 눈총은

신경 쓰지 마라.

결국 역사는 승자가 써 내려가는 법이니까 말이다.

모든 수단을 동원해서라도 원하는 바를 반드시

쟁취하겠다는 목적의식이 분명해야 한다.

정당한 방법으로 대업을 이룬다는 것은

절대 만만하지 않으니까 말이다.

패왕의 바이블

상대를 쉽게 믿지 말고, 기대하지도 마라

사람은 쉽게 바뀌지 않는다.

강한 트라우마를 동반한 고통을 겪지 않는 이상

기존의 행동을 바꾸어야 할 이유가 전혀 없기 때문이다.

마음과 행동이 변하기 위해서는

기존의 생각에 고통을 연결해야 하는데,

고통의 수치가 낮아도 안 된다.

매우 강력한 고통이어야 한다.

그제야 사람은 고통을 통해 깨닫게 되고

마음과 행동이 바뀔 수 있는 것이다.

그러니 사람을 너무 쉽게 믿지 마라.

'바뀌겠지? 언젠가는 바뀌겠지?'

아니, 안 바뀐다.

바뀌는 인물은 극소수에 불과하니 기대를 걸지 마라.

한번 배신을 한 사람은 결국

또 배신을 하게 되어 있다.

한번 바람피운 상대는 결국

또 바람을 피우게 되어 있다.

이번만 용서해 준다고?

다음에는 당신한테 절대로 들키지 않기 위해 더

조심할 뿐, 사람은 결국 바뀌지 않으니

선택지는 두 가지밖에 없다.

강한 고통을 선사하여 행동 교정하기

vs

원래 그런 인간인가 보다 하고 손절하기

강한 고통을 선사할 용기와 열정이 없다면

그냥 후자를 선택하라.

그게 더 마음이 편할 것이다.

오랫동안 튼튼하게 유지되어 온 성벽에 금이 가기

시작하여 그걸 초강력 접착제로 다시 붙인다고 한들

약한 충격에도 금세 무너지고 말 것이다.

바닥으로 떨어진 신뢰를 회복하려면 오랜 시간이 걸리듯

사람이 변하기 위해서도 아주 오랜 시간이 걸린다.

그냥 시간이 아니라 고통의 시간 말이다.

그러니 결국 사람은 쉽게 바뀌지 않으니

사람에 대한 믿음도 쉽게 주지 마라.

적에게 내가 적이라는 것을 알리지 마라

적에게 적대적 행위를 함으로써
내가 적이라는 것을 알리는 자는 '하수'다.
적에게 무시하는 태도를 보이며
적을 얕잡아 보는 것을 일관하는 자는 '중수'다.
적에게 친절을 베풀고 선의를 베푸는 자야말로
진정한 '고수'다.
적에게 내가 적의가 없다는 걸 알려라.
영화 '대부'에는 이런 명언이 나온다.

  "친구는 가까이 두어라,
  그러나 적은 더 가까이 두어라."

적과 친해지고 내통하여 그들의 정보를 캐내어라.
적을 안심시켜라.
적의 편에 선 것처럼 행동하라.
적의 약점을 캐내고 확실히 제압하기 위해
적과 친해져야 한다.
적보다 앞서 나가기 위해선
적의 머리 위에서 놀아야 한다.

말을 적게 할수록 당신의 가치는
더 높아질 것이다

말을 너무 많이 하지 마라.

모든 문제의 화근은 입에서 나온다.

할 말이 없으면 말하지 마라.

사회생활을 하면서 매번 느끼는 것은

'적절한 침묵'의 중요성이다.

말을 적게 하되 남의 얘기를 경청하는 자세를 가진다면

말을 많이 하는 것보다 더 많은 이점이 있다.

빈 수레가 요란한 법이고, 얕은 물은 시끄럽게 흐르기

마련이다.

생각이 깊지 못하고 학식은 가벼우며 자기주장만

앞세우는 사람들이 말이 많은 법이다.

생각이 깊다면 입은 무겁기 마련이고,

침묵을 활용할 줄 안다.

친한 친구여도 자신의 비밀은 절대 발설하지 마라

사람을 쉽게 믿지 말라는 말은
지금껏 계속 강조해 온 말이다.
가장 친한 친구가 모종의 사건으로 인해
나의 적이 된다면 가장 상대하기 버거운 적이 될 것이다.
나의 약점과 생각을 꿰뚫어 볼 테니까 말이다.
그리고 나의 비밀까지 알고 있다면
나에게 있어 그것이 가장 치명적인 약점이 될 것이다.
비밀이 '비밀'이라고 불리는 것에는 이유가 있다.
입 밖으로 꺼내는 순간,
그건 비밀이 아니게 되는 것이다.
세상에 비밀이 없는 사람은 없다.
다만 비밀의 크기가 다를 뿐이다.
그 비밀을 굳이 드러내어 다른 사람이 무기로
활용할 수 없게 하라.
비밀과 관련된 아라비아 격언이 있다.

  "적에게 알려서 안 될 일은 친구에게도
  알리지 말라.
  비밀을 지키면 비밀의 주인이 되지만,
  비밀을 고백하면 비밀의 노예가 된다.

그리고 평화의 열매는 침묵의 나무에서
열리는 법이다."

아라비아의 격언을 잘 기억한다면
상대방에게 비밀로 인해 약점을 잡힐 일 따윈
없을 것이다.

수준 떨어지는 사람과 싸우지 마라

현명한 사람은 무식한 사람과 싸우지 않고
유능한 사람은 무능한 사람과 싸우지 않는다.
나하고 수준이 맞지 않는 사람과 싸운다는 것이
불필요한 일이라는 것을 알기 때문이다.
상대방이 당신 말에 귀를 기울이지 않고
자기 할 말만 주장하는 것은 이미
당신과 수준이 맞지 않는다는 이야기다.
수준이 맞지 않는 사람을 계속 상대하는 것은
불필요한 에너지를 빼앗기는 셈이다.
그렇게 되면 정작 해야 할 일을 못 하게 되니
큰 낭패일 수밖에 없다.
뱁새가 어찌 봉황의 뜻을 알겠는가?
수준 떨어지는 사람을 피해야 하는 이유는
당신 수준도 덩달아 떨어지기 때문이다.
대화가 안 통한다면 상대방의 생각을 바꾸려 하지 말고
자리를 피해라.
그렇지 않으면 당신도 바보가 될 것이다.

현명한 사람은 신뢰를 철칙으로 여긴다

신뢰란 한번 깨지면 회복이 어렵다.

신뢰라는 성을 쌓아 올리는 데는 수많은 세월이 흐르지만

성이 무너지는 데는 단 몇 초면 가능하다.

신뢰란 유리거울과 같아서 한번 깨지면

원래 상태로 되돌아가는 것은 불가능하다.

사랑도, 우정도, 존경도, 동맹도 말이다.

신뢰가 한번 깨지기 시작하면

그다음부터는 절대 이전의 관계로 돌아갈 수 없다.

끊임없이 불신하고 의심하기 시작할 것이다.

신뢰를 저버리는 배신이라는 행위는 처음이 어렵지,

두 번은 쉬운 법이다.

신뢰란 연금과도 같은 것이어서

관계를 맺은 초기에는 눈에 보이지도 않을 만큼의

사소하고 작은 것일지도 모르나

시간이 흐를수록 신뢰감은 점점 커지게 되고

결국 나를 지탱해 줄 만큼의 기반을 형성하게 된다.

그러니 현명한 사람이라면 절대 신뢰가 깨질 만한 행동을

하지 않는다. 신뢰를 깨는 행동이야말로

멍청하고 현명하지 못한 행동임을 기억하라.

패왕의 바이블

적을 상대하기 위해 분노의 감정을 접을 줄 알아야 한다

분노가 판단력을 흐리게 해 올바른 사고를
하지 못하게 한다.
그러니 냉정하게 이성을 되찾고 미워하는 마음을
잠시 거두어 보자.
현명한 판단력을 가지게 되면 효과적으로 적을 파멸로
이끌고 갈 수 있으니 분노를 잠재우는 것은 전술적으로도
효과적이다.
적을 미워하지 않아야 적을 제대로 바라볼 수 있고
현명한 판단력을 이용해 더욱 효과적으로
적을 제거할 수 있다.
또한 내면에서 부정적인 감정이 자라는 것을 막아 준다.
증오가 지나치게 되면 결국 자신이 다치게 된다.
적을 위해서가 아니라 자신을 위해서
'적을 미워하는 것'을 멈추어야 한다.

위험은 항상 예고하고 찾아온다

위험 요소는 사전에 제거해야 한다.

그렇지 않으면 그 위험은 눈덩이처럼 점점 커져서

자신에게 되돌아올 것이 분명하기 때문이다.

위험이란 예고 없이 찾아오는 경우도 있지만,

대체로 우리에게 경고를 주는 경우가 많다.

건물이 붕괴하기 전 전조증상,

암에 걸리기 전 잦은 통증,

이별하기 전 느낄 수 있는 서먹하고 어색한 기운,

자동차가 고장 나기 전 계기판에 알려 주는 경고등 등등.

우리는 위험을 알아차리기 전

사전에 대비할 수 있는 충분한 시간이 있었다.

다만 아둔하다면 그걸 알아차리지 못할 뿐,

나중에 더 큰 위험으로 찾아오기 전에

작은 위험 요소는 확실히 제거해야 한다.

당신의 건강이든 대인관계든 사업이든

위험에 슬기롭게 대처하는 것도 중요한 능력이지만

그 위험을 사전에 인지하는 것이 더 중요하다.

항상 남보다 한발 빠르게…

상대방보다 우위에 서려면 한 수 빨라야 한다.

상대방의 행동을 예측하고

상대방을 궁지에 몰아넣을 계책을 세우며

늘 상대방보다 한발 앞서서 행동해야 한다.

기회를 먼저 보는 자가 기회를 누릴 자격이 주어진다.

남들보다 한 수 빠르게 기회를 포착하고, 기회를 잡는다.

후속 주자들은 선발주자의 꽁무니만 바라볼 뿐,

영광과 승리, 시기와 질투는 선발주자의 상이자 훈장이다.

협천자를 위해 누구보다 황제에게 빠르게 달려갔던

조조는 천자를 끼고 제후를 호령할 수 있었으며

가상화폐 시대가 올 것이라는 기회를 포착하고

누구보다 헐값에 비트코인을 산 투자자는

몇 년 뒤 100배의 수익을 낼 수 있었다.

비단 개인뿐 아니라 기업과 국가도 마찬가지다.

혹독한 경쟁사회에서 살아남으려면 다른 기업보다

시대의 흐름을 빠르게 읽고 최신 트렌드와 기술을

한발 빨리 개발해야 할 것이다. 늘 명심해라.

상대를 지배하든 세상을 지배하든, 뭐가 되었든

한 수 빨라야 한다는 것을….

남에게 당신의 고통을 얘기하지 마라

남들이 알아주길 바라지 마라.

남들은 당신의 고통에 대해 알 필요도 없고,

알고 싶어 하지도 않는다.

오히려 당신이 고통받고 있다는 사실이 당신에게

약점이 되기도 한다.

고통을 드러내는 일은

약점을 내보이는 것과 같은 행위다.

그리고 사람들은 당신의 고통으로

당신을 시험하려 들 것이다.

'고작 이 정도 고통 따위로 쓰러진다고?'

고통을 드러냄으로써 자신이 그것밖에 안 되는

사람이라는 걸 알리게 되는 셈이다.

고통은 받아들이는 사람의 태도에 따라 디딤돌이 되기도

하며 걸림돌이 되기도 한다.

고통은 나를 성장시키는 성장통인 셈이다.

인생에서 의미 없는 고통이란 없는 법.

의미를 찾는 순간 그건 더 이상 고통이 아니다.

기회는 왔을 때 잡아야 한다

사람의 눈은 다양한 능력을 가지고 있다.

유능한 인재를 발탁할 때 필요한,

누가 진짜 내 사람인지 볼 수 있는 '사람을 보는 눈',

세계의 정세가 급격하게 요동치는 현재,

시대의 흐름을 파악할 수 있는 '미래를 보는 눈',

기회가 찾아왔을 때 진짜 기회인지 가짜 기회인지

구분할 수 있는 '기회를 보는 눈'

세 가지 능력 중 가장 키워야 하는 능력은

'기회를 보는 눈'이다.

사람을 보는 눈과 미래를 보는 눈 역시 중요하지만,

인생을 송두리째 바꿀 수 있는 기회를 보는 눈이

무엇보다 중요하다.

당신이 하고 있는 공부나 사업뿐 아니라

사회의 모든 영역에서 기회는 반드시 찾아온다.

사람은 살면서 몇 번의 기회가 찾아온다고 하지만,

보통은 그게 기회인지 아닌지 모르는 경우가

더 많다고 한다.

삶의 전환점이 될 소중한 기회를 날려 먹고

몇 년 뒤에 '그때 기회가 왔었구나.' 하며

뒤늦게 깨닫고 땅을 치며 후회한다.

반드시 명심해라.

행운은 '위기'라는 가면을 쓰고 당신에게 접근할 것이다.

그러나 가면 뒤에 '행운'이라는 기회를 놓쳐선 안 된다.

상대를 이기는 말솜씨

말을 꺼낸 뒤에 생각하지 말고,

생각을 한 뒤 말을 꺼내라.

간단하면서도 지키는 사람이 거의 없는 이 대화법은

당신을 더 매력적으로 보이게 만들어 줄 뿐만 아니라

책임감 있고 진중한 사람으로 비춰 줄 것이다.

심지어 위의 대화법은 말싸움에도 더 유리하게 작용한다.

흥분해서 소리치는 사람보다 이기기 쉬운 상대는 없다.

이미 분노로 인해 사고력이 정지되어 머릿속이

텅 비어 있기 때문이다.

그래서 흥분한 사람의 말싸움은 목적이 불분명하여

말끄트머리만 붙잡고 늘어진다.

두서없이 그리고 생각 없이 뱉은 말은 반격당하기

매우 쉽다. 하지만 머릿속으로 목적을 분명히 하여

핵심을 짚는 체계적인 말솜씨는 당해 낼 재간이 없다.

말솜씨가 뛰어난 사람은 어느 상황에서나 항상 냉정하며

침착함을 유지한다.

하나에만 온전히 집중하고, 작은 것을 탐내지 마라

동시에 두 마리의 토끼를 잡으려고 하다 보면

두 마리의 토끼를 다 놓칠 수 있다.

한 마리의 토끼에만 집중해도 잡을까 말까인데,

두 마리 모두에게 신경을 쓰면

어찌 두 마리를 다 잡을 수 있겠는가?

작은 것을 탐하려다 큰 걸 잃는 어리석음을 범하지 말자.

공자가 말하였다.

'작은 이익을 욕심내지 마라. 큰일을 성취하지 못한다.'

가장 어리석은 사람은

위의 두 가지를 모두 그르치는 사람이다.

두 가지의 기회 중 작은 것을 탐하려다

두 가지 기회를 모두 놓치는 사람 말이다.

당신은 절대 그렇지 않다고 자부할 수 있는가?

대업을 이루기 위해 작은 것에 연연하지 마라.

대업을 이루면 작은 것은 저절로 해결된다.

온전히 한 가지에만 몰두하라.

한 가지에만 집중해도 잘될까 말까이다.

생각이 많아지면 용기는 줄어든다

나는 지식에 관련된 속담 중 '아는 것이 힘이다.'가
'모르는 것이 약이다.'보다 더 가슴 깊이 와닿는다.
하지만 너무 많은 것을 알게 되면 인생은 고달파지는 법.
우리는 가끔 무식하게 행동해야 할 때도 있다.
'아는 것이 힘이다.'라면서 갑자기 무식하게 행동해야
한다는 게 무슨 말이냐고?
'무식하면 용감하다.'라는 말이 있는 것처럼 관련된
속담으로 '하룻강아지 범 무서운 줄 모른다.'가 있다.
'더닝-크루거 효과'라고도 불리며 위 속담은 실험으로
인해 사실로 밝혀졌다.
나는 무엇인가를 시작하기 전에 너무 많은 정보를 접하는
나머지 지레 겁을 먹어 버리고 포기하는 경우를
수도 없이 많이 보았다.
우린 때론 무식해야 할 필요가 있다.
'아는 것이 힘'이지만 너무 많은 것을 알고 있으면
걱정과 근심도 많아지는 법이다.
본인이 가고자 하는 목표에 대해서는
다방면의 정보가 필요하지만
행동은 무식하고 과감하게 저지를 필요가 있다.
생각이 많아지면 용기는 줄어들기 때문이다.

살을 내주고 뼈를 취한다

'육참골단' 혹은 '이대도강'이라고도 불리는
살을 내주고 뼈를 취하는 전략은 고대 병법인
삼십육계의 제11번 계책으로 유명하다.
우리는 살아가면서 무언가의 큰 업적을 이루기 위해
어떠한 위험을 감수해야 할 때가 있다.
적과의 교전에서 승리를 쟁취하기 위해서
희생과 피해는 감수해야 할 것이다.
정작 피해는 볼지언정 승리를 쟁취할 수 있다면 결국
그 피해는 아무것도 아니게 된다.

　　"싸움에는 반드시 손해가 따르기 마련이다.

　　부분적인 손해를 무릅쓰고,

　　대국적인 이익을 취해야 한다."

손자병법에 나와 있듯이 대업을 이루기 위해서는
작은 손해쯤은 충분히 감수해야 한다.
여러분은 어떠한가?
조그마한 손해도 보기 싫어서 대업을 달성하지 못하고
있지 않은가?

　　　　　　　　　　　　　　패왕의 바이블

너무 단단하면 부러지게 된다

"군사가 강하면 곧 멸하고,
 나무가 강하면 곧 부러지고,
 가죽이 굳으면 곧 찢어지며,
 치설이 드세면 곧 부러진다."

회남자의 말이다.
압도적인 군사력을 가지게 된다면
주변국들도 위기를 느껴 군사력을 보강할 것이고,
경쟁심리가 생겨 대등해지는 순간 침략하려 들 것이다.
나무는 작은 충격에는 잘 버티지만,
큰 충격에는 부러져 버린다.
하지만 갈대와 억새는 충격에 쓰러질지언정
부러지지는 않는다.
자연의 당연한 순리이자 법칙이다.
이것을 거스르는 순간 화를 면치 못하게 된다.
단단하고 올곧은 태도보다 유연한 사고와 태도를
가져야만 쓰러질지언정 부러지지 않는다.

큰일에 집중하면 작은 일은 저절로 해결된다

현명한 인생을 살아가기 위해

이미 세계적으로 유명한 말이지만

전략적으로 따져 보았을 때 상당히 효과적인 방법이다.

작은 일에 신경 쓸 에너지를

큰일에 소모하는 것이 장기적으로도 효과가 좋으며

큰일을 완수하면 작은 일은 상대적으로

작게 보이는 효과도 있다.

그것뿐이겠는가.

도미노가 쓰러지듯이 이미 동시에

해결이 되는 경우가 많다.

그러니 당신 앞에 놓여 있는 여러 가지 목표와 임무

중에서 가장 가치가 큰 일에만 집중하고 신경을 써라.

장담컨대 작은 일은 저절로 해결되거나

아무 일도 아닌 것처럼 느껴질 것이다.

패왕의 바이블

먼저 이겨 놓고 싸워라

모든 상황을 자신에게 유리하게 만들어 놓고 싸우면
지고 싶어도 지기 힘들다.
시작도 하기 전에 이긴 싸움은 두려워할 필요도,
겁먹을 필요도 없다.
손자병법에 이러한 구절이 있다.

  "승리하는 군대는 먼저 승리할 수 있는 여건을
  갖추고 나서 싸움을 걸고,
  패배하는 군대는 먼저 싸우고 난 뒤에
  승리를 구한다."

모든 조건에서 자신이 유리하게끔 상황을 이끌어 가고
자신이 유리하다고 판단이 선다면 싸움을 거는 것이다.
'선승의 법칙'은 상대방보다 주도면밀하여 자신에게
유리하도록 판을 짜는 것이다.
그리고 가장 중요한 핵심은 전술과 전략은 단순히 자기
두뇌에서 나오는 것이 아니라 확실하고 착오 없는
정보력에서 나오는 법이다. 상대방을 이기고자 한다면
'선승의 법칙'이야말로 가장 중요한 덕목이자
가장 기본이 되는 조건이라고 할 수 있다.

자신보다 뛰어난 자에게 배워라

누군가가 자신보다 학식이 풍부하거나
사업적 수완이 특출나거나
사회적으로 경험이 많다면
나이와 상관없이 꾸준히 배움을 갈구해야 한다.
배움은 어느 분야에서건
모두 당신에게 필요한 재산이 될 것이다.
배움에는 나이가 없는 법이다.
당신보다 어린 사람에게 가르침 받는 것을
창피해하지 마라.
당신이 지금보다 더 높이 성장하기 위해서
당신보다 더 뛰어난 자에게 가르침을 받는 것이
당연하기 때문이다.
이미 자신은 나이가 많다고 더 이상 배우지 않겠다고
하는 사람을 멀리하라.
당신도 그렇게 될 가능성이 높기 때문이다.
우리는 나이와는 상관없이 끊임없이 무언가를 배우고
갈구해야만 한다.
우리의 지적 성장은 무궁무진하니까 말이다.

패왕의 바이블

항상 멀리 내다보아야 한다

'나무를 보지 말고 숲을 보라.'

여기저기서 참 많이 쓰이는 말이다.

사자성어로는 '이관규천', '정저지와' 등으로

불리기도 한다.

당장 눈앞의 작은 이익에만 눈이 멀어

더 큰 이익을 보지는 못하는 경우를 많이 보았다.

우리는 항상 장기적인 관점으로 상황을

들여다보아야 한다.

대롱 구멍으로 하늘을 엿보는 것이 아니라

하늘 전체를 볼 수 있어야 함은 물론이고,

우물 안의 개구리처럼 우물만이 세상의 전부일 것이라는

얕은 식견으로는 대업을 달성할 수 없다.

큰 그림을 그려라.

지금 하고 있는 일이 큰 그림의 밑그림 과정이라면

소박하고 사소하더라도 괜찮다.

밑그림 과정 없이 현실에 안주하여 당장 눈앞의 이익만

좇는 것보다 훨씬 가치 있으니 말이다.

뒤에서 험담하지 마라

'앞에서 할 수 없는 말은 뒤에서도 하지 마라.'라는
말이 있다.

누군가를 험담하게 되면 결국 언젠가는
그 험담 당사자의 귀에까지 들어가게 될 것이다.

들어가지 않는다고 하더라도
'험담했다는 사실이 언제가 발각되지는 않을까?'
노심초사하게 된다. 그리고 결국 본인의 입에서 나온
험담이 마지막에는 자신에게 돌아온다는 것이다.

뒤에서 남을 험담하는 것은 지략적인 측면으로 보더라도
절대로 현명한 방법이 아니다.

그 험담을 듣는 사람들은 속으로
'아, 이 사람은 내 앞에서도 남의 험담을 이렇게
잘하는데, 다른 사람에게도 내 험담을 할 수 있겠구나.
가까이하지는 말아야지.'
이렇게 생각할 게 뻔하기 때문이다.

그러니 뒤에서 누군가 험담하는 행위는 그 사람을
흉본다고 해서 그 사람의 가치가 내려가는 것이 아니라
자신의 가치가 내려간다는 것을 명심하라.

입이 가볍고, 남 욕하는 것을 좋아하는 사람을
누가 가깝게 지내고 싶겠는가?

패왕의 바이블

현실을 그대로 직시하라

어떠한 사건이 당신을 괴롭히고 근심을 키운다면
감정이 앞서기 전 현실을 마주하라.
그 사건이 당신에게 어떤 영향을 주는가?
당신이 그 사건을 해결할 수 있나?
그렇다면 간단하게 해결할 수 있는 것인가?
그렇지 않은 것인가?
해결하지 못한다면 당신은 어떻게 대처할 것인가?
당신 인생에서 크고 작은 사건들은
무수히 많이 발생할 것이다.
사소한 사건이 발생할 때마다 지레 겁먹지 말고,
사건의 경중을 판단하라.
짜증 나고 피곤하긴 하지만 잘 생각해 보면
간단하게 해결될 문제가 더 많다.
함부로 확대해석하여 마음속에
두려움이 생기지 않게 하라.
'생각보다 별거 아니네?'라는 생각이 든다면
당신은 성장한 것이다.

가장 똑똑한 복수

가장 현명하지 못한 복수 방법은 상대를 죽이는 것이다.

현명하게 잘 생각해 보아라.

상대방에 대한 증오심으로 상대를 죽인다면

상대방은 잠깐은 고통스럽겠지만,

숨이 끊어진 상태에서는 더 이상 고통을

느끼지 못할 것이다.

상대방에게 잠깐의 고통을 선사하기 위해

본인은 평생을 교도소에서 신세를 지게 되는

가성비 최악의 복수 방법인 것이다.

상대방에게 복수를 하려면 평생 동안의 고통을

선사해야 한다.

그렇기 위해서는 죽이지 않고 살아 있는 상태에서

고통을 느끼게 해 줘야 한다.

최고의 고통은 바로 당신의 성공한 모습을 보여 줘

시기와 질투심을 느끼게 하는 것이다.

시기와 질투는 최고의 복수 방법이다.

그리고 그 시기와 질투가 극도의 상태가 되면

존경심으로 변환된다.

당신이 복수하고자 하는 자들이

어느새 당신을 존경하고 있는 것이다.

'최고의 복수는 당신이 잘사는 것'이라는 말이 진부하게 들릴진 모르겠지만, 정말 사실이다.

최고의 복수는 당신이 성공하는 것이다.

상대를 이기고 싶다면 칭찬하라

미운 상대에게는 오히려 칭찬만 해야 한다.
칭찬으로 귀를 막고 눈을 가려야
당신이 상대보다 우위에 올라설 수 있다.
칭찬으로 인해 문제 파악을 못 하게 하라.
상대에게 잘못된 점을 지적한다면 그것을 고치려고
하겠지만 칭찬만 해 준다면 상대는 자신이 무엇을
잘못했는지 돌아보려고 하지 않을 것이다.
당신이 상대에게 악의를 들키지 않으면서
효과적으로 서서히 상대를 망치게 하는 방법은
바로 칭찬만 하는 것이다.
당신 또한 명심해라.
당신에게 칭찬만 하는 사람은
오히려 좋은 사람이 아니다.

패왕의 바이블

사람 보는 눈을 키워라

자신이 리더의 자리에 앉아 있다면 부하직원을
적재적소에 활용할 줄 아는 용인술이 매우 중요하다.
사람의 능력은 개개인마다 모두 다르기 때문에
그 사람의 능력을 파악하여 능력을 크게 펼칠 수 있는
곳에 사람을 앉혀야 한다.
요리 잘하는 사람을 사무실에 앉히고
회계를 잘하는 사람에게 주방 일을 하라고 시킨다면
그 조직의 미래는 불 보듯 뻔하다.
또한 용인술을 키우기 이전에
나에게 도움이 되는 사람인지 해를 끼치는 사람인지
분별할 수 있는 눈을 키우는 것도 아주 중요하다.
그 사람의 능력과는 별개로 나에게 도움이 전혀
안 된다면 굳이 에너지를 낭비해 가며 내 사람으로
만들 이유가 전혀 없다.
또한 아무리 오래된 사이라도 당신에게 해로운 영향만
준다면 멀리하는 것이 맞고, 친하지 않은 사이라도
당신에게 도움이 된다면 가까이하라.
장기적 관점으로 보았을 때
나에게 도움이 될 만한 사람과 가까이 지내고
그들을 자기 사람으로 만들어라.

해야 할 말과 하지 말아야 할 말

말을 내뱉기 전 스스로에게 질문해라.
이런 말을 내뱉음과 동시에 나에게 어떤 피해가 돌아올지
말이다. 말이라는 것은 항상 신중하게 뱉어야 한다.
너무 화가 나서 마음에도 없는 말을 하게 될 수도 있고
너무 신이 나서 지키지도 못할 말을 하게 될 수도 있다.
감정이 격해질 때 오히려 입을 닫고 행동을 조심해야
하지만 쉽게 잘 안 되는 경우가 많다.
이 책을 쓰고 있는 나부터 지키기 어려운 것이 사실이다.
아무리 감정이 격해지더라도 해야 할 말이 있고
하지 말아야 할 말이 있는 것이다.
땅을 치며 후회하면서 상대방에게 용서를 구할 수
있을지언정 상대에게 상처를 준 말은 다시 되돌릴 수
없으니 말이다. 감정이 격해질 때는 오히려 입을 닫아라.
그러면 해야 할 말과 하지 말아야 할 말들을
구분할 수 있는 판단력이 생길 것이다.
그런 판단력이 생기면 실수를 줄일 수 있다.
타인에게 상처를 주지 않기 위해서 말을 가려 해야
하지만 나에게 돌아올 피해를 최소화하고
실수를 줄이기 위해서 해야 할 말과 하지 말아야
할 말을 구분해야 하는 것이다.

패왕의 바이블

웃음 속에 칼을 숨겨라

적에게 웃으며 살갑게 대하라.

적을 안심시켜라.

마음속으로 음흉한 계책을 가지고 있을지언정

적에게 칼을 드러내선 안 된다.

나에 대해 경계 태세를 유지할 것이 뻔한데

적에게 적이라고 알리는 멍청이가 세상에 어디 있나?

적에게 적개심을 드러내지 말고, 오히려 웃으며 대하라.

적의 경계심을 허물어라.

적이 당신에 대한 경계를 허물고 방심하고 있을 때

허를 찔러야 한다.

게다가 아둔한 적이라면 당신이 범인이라는 것을

눈치 못 챌 수도 있다.

적개심을 보이지 않고 웃으며 대했다는 이유로 말이다.

반대로 당신이 이 기술을 쓸 수 있으면

당신의 적도 이 기술을 쓸 수 있다는 말이다.

당신에게 이유 없이 웃으며 잘 대해 주는 사람을

경계해야 한다.

웃는 가면 뒤에 당신을 노려보고 있는 자를 조심하라.

대놓고 적개심을 드러내는 자보다 더 영악하기 때문이다.

문제와 상황의 핵심을 짚어라

문제를 해결하고 싶다면
문제의 원인부터 파악하여 제거해야 한다.
암에 걸린 몸을 치료하기 위해
근본적 원인인 암세포를 제거해야 하고
잡초를 제거하려면 뿌리를 뽑아야 하듯이
눈에 보이는 것이 다가 아니라
보이지 않는 곳에 있는 원인을 발견하고
핵심을 파악하여야 한다.
원인을 분석하고 파악하여야만
당신을 끊임없이 괴롭히는 고통 속에서 벗어날 수 있다.

패왕의 바이블

가까이 있고 작은 계획부터 실현하라

대체로 큰일을 해결하다 보면
작은 일까지 저절로 해결되는 경우가 많다.
하지만 상황과 때에 따라 다른 경우도 있기 마련이다.
너무나 큰 계획을 실현하기 망설여지고 두렵다면
때론 작은 계획부터 차근차근 실천해 나가는 게
더 도움이 될 수 있다.
행동력을 높여 주고 실행할 수 있다는 자신감을
심어 줄 수 있기 때문이다.
작은 계획을 실현하면 부담은 적고
성과는 좋아지기 마련이다.
작은 계획을 실현하는 데 있어서
가장 큰 보상은 자신감이다.
이 자신감으로 인해 더 큰 장벽을 무너뜨리고
큰 계획을 실현할 수 있다는 강단이 생기게 되는 것이다.

혼란을 이용하라

적을 이기고 싶다면 혼란을 가중시켜라.
승자만이 살아남는 전쟁에서는 강한 상대를 상대하기
위해서 상대가 한창 약해져 있을 때, 기습으로 공격하여
상대를 무너뜨리는 것이 최선이자 최고의 공격 방식이다.
상대가 혼란스럽고 가장 약할 때 공격한다는 것이
비겁하다고 생각할 수 있으나 이 또한 병법의 일부로서
적을 이기기 위한 계책 중 한 가지이다.
어차피 사회는 냉정한 법이다.
적은 당신이 잠을 자거나 용변을 보고 있을 때
쳐들어올지도 모르는데 당신은 왜 적이 강해질 때까지
기다려 주는 것인가? 적이 다시 강해질 때까지 기다려
주는 사람이 아둔하고 기회를 볼 줄 모르는 것이다.
이것은 자신에게도 적용되는 것이기 때문에
당신이 혼란스럽고 정신없을 때 적에게 당하게 될지도
모른다. 그러니 상대에게 빈틈을 보여선 안 되는 것이다.
상대와 협상을 할 때도 마찬가지이다.
상대가 혼란을 겪고 있을 때 상대의 위기를 이용하면
나에게 유리한 방향으로 협상에 성공할 수 있다.
사회생활이든 전쟁이든 적을 이기고 싶다면
혼란을 활용할 줄 알아야 한다.

패왕의 바이블

후퇴도 전략이다

효과적인 승리를 위해서라면 후퇴하는 방법을
깨우쳐야 한다. 무조건 적을 만나면 도망가라는 뜻이
아니라 후퇴도 상황을 고려하여 '잘'해야 한다는 뜻이다.
당신이 이기기 힘든 상대를 만나면 전략상 후퇴를
선택하는 것도 나쁘지 않은 방법이다.
아니, 오히려 최선의 방법일지도 모른다.
싸우지 말아야 할 때 싸우고,
싸워야 할 때 피하는 것만큼 어리석은 것도 없다.
지금은 후퇴하더라도 목숨이 붙어 있는 한
끝난 게 아니다.
일단 살아남는 것이 중요한 것이니 비굴하고
치욕적이더라도 작전상 후퇴를 하는 것이 훗날을
도모할 수 있는 기회가 될 것이다.
그러니 힘들고 지치면 내려놓고 후퇴해도 된다.
왜 후퇴할 수밖에 없었는지,
다시 앞으로 나가려면 어떻게 해야 하는지
성장의 기회로 삼아야 한다.
후퇴라는 것은 전쟁뿐 아니라 우리의 삶 속에서도
문제를 해결하는 데에 있어 유용하고
현명한 전략 중 하나다.

당신 앞을 가로막는 난해하고 거대한 문제에 부딪히게
된다면 무작정 돌진하여 맞닥뜨릴 생각부터 하지 말고
일단 그 전장을 벗어나서 상황과 맥락을 파악하는 것이
중요하다.

우리가 살면서 만나는 다양한 문제들은 갑작스럽거나
예상치도 못한 순간에 터지는 경우들이 종종 있다.

그럴 때는 문제의 원인과 사건의 흐름을 판단하여야
하는데, 바로 눈앞에 있는 문제가 시야를 가리고 있어
원인과 흐름을 판단하지 못할 때가 많다.

그럴 때 필요한 것이 후퇴 전략이다.

문제로부터 한 발짝 물러서서 상황을 좀 더 객관적이고
전체적인 시야로 바라보아야 한다.

바로 눈앞에서는 보이지 않는 문제들이 한 발짝
물러선 후에야 비로소 눈에 보이기 시작할 것이다.

패왕의 바이블

자신을 지키는 무례한 사람 대처법

우리는 살다 보면 무례한 사람을 반드시 만나게 된다.

나이가 많다고 초면에 반말하는 사람,

편하고 친하다는 이유로 자주 선을 넘는 사람,

아파트에 거주하면서 층간소음이나 층간흡연 등

민폐 행동을 하면서도

"내 집인데 뭐가 어떠냐."라고 하는 사람,

다른 사람의 의견은 무시하며

무조건 자기 말이 맞다고 우기는 사람 등등

인간관계를 유지하는 것 자체만으로 에너지를 소모하게

만드는 사람들이 분명히 있기 마련이다.

사람과 사람 간의 서로 좋은 에너지 기류가 흘러야

더 건전한 인간관계가 되는 것인데,

무례한 사람을 곁에 두면

자꾸 나의 좋은 에너지를 빼앗긴다.

그렇다면 무례한 사람을 어떻게 대처할 수 있을까?

분명한 것은 선을 넘게 둔다면

결국 무시당하게 될 것이다.

선을 넘기 시작한다면 다양한 방법으로 대처해야 한다.

1) 감정을 솔직하게 전달할 것

무례한 태도에 상처받았다면 그 자리에서 솔직하게
얘기하라.
나중에서야 '왜 그때 나 자신을 지켜 주지 못했을까?'
'왜 당하고만 있었을까?'라며 후회와 동시에
자괴감 느끼지 말고 즉시 얘기해라.
"저 상처 받았어요."
"지금 저한테 상처 주시는 거예요?"
"다른 사람이 들으면 오해하겠는데요?"
상대방은 자신의 발언에 대해 되돌아보며
언행에 주의할 것이다.

2) 되물어서 강제 객관화시키기

본인이 한 말에 대해 전혀 객관화되고 있지 않은 사람은
문제의 발언에 대해서도 심각함이나 경각심을 느끼지
못한다. 그러므로 상대방에게 되묻는 것은 객관화를
강제한다는 점에서 매우 효과적인 방법이다.

3) 웃으며 정곡 찌르기

상대방의 무례함에 정색하며 받아치기가 힘들다면 웃으며
대응하는 것도 좋은 방법이다.
대신 표정은 가볍게 웃되 말은 가볍지가 않아야 한다.

말은 진중하고 상대방이 예측하지 못하게
전달하는 것이다.

　　"너 결혼 안 하니?"
　　→ "제가 결혼할 때 축의금 500만 원
　　　　내실 거죠?"
　　"일하는 게 왜 이렇게 느려?"
　　→ "감사합니다. 제 일 좀 도와주세요."
　　"너 취업 안 하니? 언제 돈 모으니?"
　　→ "거기 일하시는 곳에 저 좀 소개해 주세요."

흔히 말하는 '말 속에 뼈가 있다.'는 느낌이
강하게 들기도 한다.
'내 일은 내가 알아서 할 테니, 간섭하지 마.'라고
웃으며 받아치는 것이다.
상대방의 무례함에 정색하지 않고 겉으론 침착하게 웃고
있지만, 상대방의 언사에 휘둘리지 않는 강직함과
유쾌함을 지니고 있어 상대는 당신의 대응으로부터
대화 주도권을 뺏긴 것이다.
그렇다면 주도권이 뺏긴 상대방이
무슨 할 말이 더 있으랴.
상대방은 입을 다물 것이다.

4) 무성의하게 반응하기

상대방이 당신에게 무례를 범했다면 아무 말을 하지 않고

그저 상대를 지긋이 바라보며 조용히 응시하기만 해도

상대방은 스스로 무언가를 잘못했는지 상기해 볼 것이다.

무섭게 노려볼 필요도 없고,

그냥 상대방의 눈을 지긋이 응시하는 것이다.

애초에 상대방과 소통하는 인간이라면

'왜 아무 대답이 없지? 내가 무슨 실수를 했나?'

라는 생각을 자연스럽게 하게 될 것이다.

하지만 위의 생각과는 반대로 행동하며 끊임없이

당신에게 무례를 범한다면 애초에 본인의 무례한 태도를

고쳐야겠다는 생각을 수용하지 못하는

사람일 확률이 높다.

이런 사람에게는 불편하다고 솔직하게 털어놔 봤자

"에이, 너무 속 좁다. 이게 뭐가 무례하고 불편해?"라고

할 것이 뻔하기 때문이다.

그러니 그런 사람에게는 무성의하게 대처하는 것을 넘어

아예 무시해야 한다.

현명하게 대처하는 방법은 무수히 많지만

방법을 실행하기까지의 용기와 결단이 필요하다.

'좋아, 이제 난 방법을 터득했으니 당장 내일부터

써먹어 봐야겠다.'라고 생각하더라도 실생활에서

패왕의 바이블

활용하기까지는 상당한 노력이 필요할 것이다.

그러므로 마음의 근력을 키워야 한다.

자기표현을 잘할 수 있는 그런 근육 말이다.

'상대방에게 잘 안 보여도 괜찮아, 뒤에서 욕먹어도 돼.'

'착한 사람이 될 필요 없어.'

좋은 에너지를 상대방에게 빼앗기기 전에 자신을

담금질하는 노력이 필요하다.

싸우지 않고 이기는 것이 최고의 수

싸우지 않고 이기는 전략이야말로

상책 중의 상책이라고 할 수 있다.

손자병법에 이르기를 피의 대가로 승리하는 것이

하책 중의 하책이고,

싸우지 않고 승리하는 것이

상책 중의 상책이라고 하였다.

상대를 진정으로 굴복시키고 싶다면

무력으로 제압하는 것이 아니라 마음을 동요시켜야 한다.

싸워서 이겨 봤자 서로 양측의 손해가 막심하니

상대방의 싸우고자 하는 의지를 먼저 꺾은 후

자기편으로 돌아서게끔 만들어야 한다.

그렇다면 싸우지 않고 이기기 위해서

중요한 핵심은 무엇일까?

어떻게 하면 적의 싸우고자 하는 의지를

꺾을 수 있을까?

그것은 바로 손자병법에서도 수차례 강조하고 있는

'병력으로 적의 싸우려는 의도 자체를 깨는 것'이다.

군대는 병력의 수로 적의 의지를 꺾는 것이지만,

현대 사회에서의 의미로 재해석한다면

감히 넘볼 수 없을 만큼 압도적인 능력을

패왕의 바이블

키우라는 것이다.

스스로가 압도적인 능력과 세력을 키우면

적은 지레 겁먹고 꼬리를 내릴 것이다.

그러니 싸우지 말고 자신의 능력을 키우는 것이

급선무이다.

상대와의 논쟁에서 우위를 점하는 법

문제가 생겼다면 상황을 회피하지 말고,

즉시 상대방에게 이야기하라.

작은 문제가 큰 문제로 이어지지 않게 하라.

그리고 상대방과의 대화에서

상대가 무엇을 원하는지 파악하라.

상대방의 대화에 귀를 기울이며

상대방의 의도를 파악하여야 한다.

그렇게 해야 화친이든 협상이든 협박이든

내가 원하는 방향대로 이끌어 갈 수 있다.

문제보단 해결책에 집중하라.

문제만 가지고 논쟁하다 보면 서로의 감정만 소모되고

상황은 더 악화되기 마련이다.

누구의 말이 옳은지 따지지 말고

해결책에 초점을 맞추어야 한다.

패왕의 바이블

패왕의 바이블

ⓒ 김대훈, 2025

초판 1쇄 발행 2025년 9월 10일

지은이   김대훈
펴낸이   이기봉
편집   좋은땅 편집팀
펴낸곳   도서출판 좋은땅
주소   서울특별시 마포구 양화로12길 26 지월드빌딩 (서교동 395-7)
전화   02)374-8616~7
팩스   02)374-8614
이메일   gworldbook@naver.com
홈페이지   www.g-world.co.kr

ISBN   979-11-388-4675-2 (03190)